AI와 공공 정책

AI문고

인공지능 시대입니다. 기계가 인간의 인지를 대신하고, 사물이 인간을 통하지 않고 다른 사물과 직접 커뮤니케이션합니다. 이에 따른 인간 삶과 문명 변화를 정확히 이해 · 예측 · 대응하는 것은 이 시대 우리 모두의 과제입니다. AI문고는 인공지능 기술과 환경의 여러 주제를 10가지 키워드로 정리합니다. 관련 개념과 이론, 학계와 산업계의 쟁점, 우리 일상의 변화를 다룹니다. 인간과 기술의 현재, 미래를 세심히 분석합니다.

일러두기

- 인명, 작품명, 저서명, 개념어 등은 한글과 함께 괄호 안에 해당 국가의 원어를 병기했습니다.
- 외래어 표기는 현행 어문규정의 외래어표기법을 따랐습니다.

처음이세요?

전문가세요?

지금, 큐알 찍으면

- AI 입문서 바로 선물
- 당신만의 필독서 추천
- 500권 요약본 공짜
- 오디오북 무료 사용

AI와 공공 정책

유거송

대한민국, 서울, 커뮤니케이션북스, 2025

AI와 공공 정책

지은이 유거송
펴낸이 박영률

초판 1쇄 펴낸날 2025년 4월 10일

커뮤니케이션북스(주)
출판 등록 2007년 8월 17일 제313-2007-000166호
02880 서울시 성북구 성북로 5-11
전화(02) 7474 001, 팩스(02) 736 5047
commbooks@commbooks.com
www.commbooks.com

ISBN 979-11-7307-906-1 03500

책값은 뒤표지에 표시되어 있습니다.

차례

공공 정책에서 AI의 영향과 역할

하루라도 인공지능(AI, Artificial Intelligence)과 관련한 뉴스가 보도되지 않는 날이 없는 것 같다. 최근 몇 년 새 AI는 모든 산업의 최우선 관심사가 되었고, AI를 구동하는 근간이 되는 그래픽 프로세서(GPU) 칩을 만드는 엔비디아(Nvidia)라는 기업이 미국 기업 시가 총액 1, 2위를 다투고 있다. 엔비디아는 저자의 기억 속에서는 그저 컴퓨터 게임에 필요한 그래픽 카드를 만드는 회사였는데, 그 그래픽 카드가 암호 화폐 채굴 기기로 품귀 현상을 겪더니만 이제는 AI의 핵심 하드웨어로 각광을 받을 줄이야. 최신 기술에 항상 관심은 있지만 화학 공학 전공자로서 최신 전자 공학 또는 컴퓨터 공학 관련 소식에는 평균적인 사람과 별다를 게 없는 저자 입장에서는 격세지감이다. 얼마 전에 당선된 도널드 트럼프 제47대 미국 대통령은 저자가 서문을 작성하고 있는 지금 기준 며칠 전에 무려 5000억 달러를 투입해 AI 인프라(데이터 센터 시설 등)를 구축하는 스타게이트(Stargate) 프로젝트를 발표했다. 중국에서는 딥시크(DeepSeek)라는 저비용의 생성형 AI를 발표해 실리콘밸리의 AI 선도 기업들을 위협하는 등 이제 AI는 지정학적 측면에서의 관심마저 받고 있다.

AI가 이토록 큰 관심을 받고 대규모의 투자가 이루어지는 이유는 모든 분야에 적용할 수 있는 AI의 특성 때문일 것이다. 일반적인 기술이라는 개념이 있는데, 이는 마치 불, 전기와 같이 모든 분야에 적용되어 우리의 삶 자체를 바꿔 놓을 수 있는 기술을 뜻한다. 20~30년 전 인터넷이라는 것이 보급된 이후 우리의 생활과 산업은 송두리째 변화했다. 그 전에는 무언가 업무를 처리하기 위해서는 어딘가에 찾아가서 대면으로 업무를 진행하거나, 우편 등으로 종이 문서를 보내야 하는 것이 대부분이었다. 전화로 업무를 처리할 수 있으면 운이 좋은 경우에 해당했고, 그나마 전화 연락이 가능한 시간으로 제한되었다. 지금은 어떠한가? 대부분의 상거래가 온라인상에서 진행되며, 이메일로 대부분의 업무상 의사소통을 진행한다. 전화로 업무를 논의하는 경우도 많지만, 의사결정을 명확하기 위해서는 서면으로 근거가 남는 것이 좋기에 이메일 또는 문자 메시지로 의사소통을 하는 것이 기본이다. 문자 메시지 이야기가 나왔으니 스마트폰이 가져온 대대적인 변화 역시 언급하지 않을 수 없다.

스마트폰이 보급된 이후, 책상 앞에서만 할 수 있었던 인터넷이 손바닥 안으로 들어오게 되었다. 이제 지구상 어디로 여행을 가더라도 대부분의 지역에서 스마트폰으로 인터넷을 사용할 수 있고, 이에 기반해 우리는 길도 찾고, 모르는 언어를 번역도 하며, 집에 현관문이나 가스 밸브는 잘 잠겨 있는지 확인도 하고, 급한 이메일이나 업무를 확인하기도 하고, 심지어 늦지 않게 공과금도 낼 수 있다. 코로나19 팬데믹을 계기로 고도화하고 확산된 원격 업무 기술은 사실상 일터와 집의 경계를 없애 버렸다. 불과 20년 정도 안에 이루어진 이러한 엄청난 변화에 더해, AI라는 것이 이제는 아예 사람의 업무 자체를 대체하기 시작하고 있다.

AI가 사실 예전부터 존재해 왔던 것이라는 사실은 많은 독자들이 이미 알고 있을 것이다. 개념적으로는 아주 예전부터 정의되어 연구되고 있었고, 실제로 AI를 구현하기 위한 컴퓨터 공학 연구 역시 수십 년간 이루어져 왔다. 예를 들면 지금 상용화되어 있는 생성형 AI의 핵심 기술인 인공 신경망(Neural network)의 수학적 모델이 처음 제시된 것은 무려 1940년대다(Wikepedia). 다만 이것이 실용적으로 사용할 수 있을 정도의 성능을 내기 위해서는 매우 고성능의 컴퓨터가 필요했던 것인데, 동시에 매우 많은 연산을 처리할 수 있는 그래픽 프로세서에서 연구자들이 가능성을 발견했고, 그래서 엔비디아가 AI 분야의 대표 기업 중 하나가 된 것이다. 저자가 이 책을 쓰는 데 소요된 몇 개월 중에도 AI와 관련한 새로운 소식이 계속 발표되었다. 오픈AI(OpenAI)와 같은 신흥 기업뿐만 아니라, 마이크로소프트(Microsoft), 구글(Google)과 같은 유명 IT 기업들이 경쟁적으로 AI 모델을 구축해 성능의 우위를 점하고 비즈니스 모델을 확보하기 위해 노력하고 있다. 네이버나 카카오 같은 국내 IT 기업과 삼성이나 LG 같은 전자 분야 대기업 역시 AI에 대대적으로 투자하고 있다. 이제는 AI를 얘기하지 않는 기업을 찾는 것이 더 어려울 지경이 되었다.

공공 정책에서 AI에 관심을 가지는 이유

기계가 사람의 직접적 조작 없이 말로 하는 명령만 듣고도 업무를 처리해 주거나, 사람이 직접 수행하기에는 너무나 방대하고 복잡해 오랜 시간이 걸리는 분석을 단시간에 처리할 수 있는 등, AI의 산업적 파괴력에 대해서 더 설명하는 것은 지면의 낭비일 것이다. 이 책에서 생각해 보고자 했던 것은 공공 정책에서 AI의 영향력이다. 우선 공공 정책에서도 AI는 몹시 중요하다. 우리 사회에 AI

가 가져올 파급력이 대단히 크기에, 우리나라의 산업이 국제적인 경쟁에서 밀리지 않고, AI가 국민에게 원치 않는 부작용을 끼치지 않고 정의롭고 공정하게 사용될 수 있도록 관련 정책과 법을 만드는 것이 공공 분야의 책무일 것이다. 그래서 AI 정책은 우리가 AI에 사회적으로 어떻게 대응해야 하는지의 면에서 중요성을 가진다. 예를 들면 기업들이 AI 기술을 확보할 수 있도록 정부에서 어떤 지원을 해 주어야 하는지에 대한 고민이 포함된다. 물리적인 인프라를 구축할 수 있도록 재정적인 지원을 해 주어야 할지, 그러한 인프라 구축에 필요한 부지 선정, 허가 등에 보다 신속하게 일이 추진될 수 있도록 제도를 개선해 주어야 할지, AI 인프라가 구축된다면 그것에 수반하는 전력이라거나 주변 환경에 대한 영향에 대해서 문제되는 사항은 없는지 등이 정부가 고려해야 할 사항 중 일부일 것이다. 또한 실제 AI 현장에서 한 발짝 물러나서, AI가 우리 사회에 미치고 있는 유무형적 영향이 어떠한지, 혹시 법적 회색 지대를 만들고 누군가에게 부당한 피해를 끼치고 있지는 않은지, AI가 일자리 시장에 영향을 끼치게 된다면 그에 대해서 정부가 지원하거나 수행해야 할 의무가 있는 것은 아닌지에 대해서도 많은 기관에서 고민하고 있을 것이다.

하지만 이 책에서 관심을 가지는 영역은 이러한 소위 'AI 정책'이 아니라, 공공 정책 업무에 AI를 어떻게 접목해야 할 것인지에 대한 것이다. AI가 일하는 방식에 영향을 주지 않을 산업 분야는 거의 없을 것으로 보인다. 한 AI 기업이 정리한 바에 따르면, AI의 영향이 가장 높은 산업 분야는 의료, 재무, 소매업, 교육, 그리고 교통 분야이고, 가장 영향이 적을 것으로 보이는 분야는 예술, 인사(human resources), 사회 복지, 그리고 헤어 디자이너 같이 사람이 직접 손으로 고객에게 서비스를 제공하는 분야가 꼽힌다(Datarails, 2024). 그러면 공공 정책은 여기서 어디에 해당할까? 공공 복지 센터에서 시민에게 복지 서비스를 제공하는 업무의 경우에는 정말 사람과 비슷한 로봇이 저렴하게 보급되는 날이 오지 않는 이상 소프트웨어적인 AI 기술만으로는 대체할 수 있는 부분이 많지 않을 것이다. 주민 센터나 구청에서의 대민 업무 역시 챗봇이 복잡하거나 특수한 상황에 대한 상담도 원활히 진행할 수 있는 수준으로 기술이 발전하지 않는다면 AI로 대체하기는 어려울 것이다. 기계를 사용하는 데 별 문제가 없는 저자도 인터넷 검색으로 알기 어려운 다소 복잡한 사안에 대해서는 사람 상담원에게 문의하는 것이 편하고, 개개인의 특수한 상황에 맞추어 명쾌한 답을 주는 챗봇을 아직까지는 보지 못했다. 무엇보다도, "제가 그 부분에 대해서는 알아보고 다시 연락드리겠습니다"라고 말하는 챗봇은 공공 서비스뿐만 아니라 아직 그 어디에도 없는 것 같다. 사실 결국 담당자에게 질의가 전달될 거라면 기업 입장에서 챗봇을 도입하는 메리트가 크지 않을 수도 있다. 오히려 업무 프로세스가 하나 늘어나기만 할 뿐일지도 모르니까 말이다.

공공 정책 분야에서 AI를 효과적으로 접목할 수 있는 부분은 우리가 일상적으로 보지 못하는 사무실 안쪽에서 벌어지는 업무들이다. 의료, 재무, 소매업, 교육, 교통 분야가 AI의 영향을 크게 받는 이유는 이러한 분야에서 AI가 데이터에 근거한 판단, 복잡한 과정의 최적화 또는 효율화, 그리고 반복적인 업무의 자동화에 기여할 수 있기 때문이다. 의료 분야에서는 기존의 수많은 진료 기록 데이터 등을 AI가 학습해 환자의 엑스레이 사진이나 증상을 보고 어떤 질환인지 진단을 내릴 수 있고, 재무 분야에서도 기업이 보유한 대량의 재무 데이터를 AI가 학습해 기업 재정 상황에 대한 진단, 리스크 측정 등을 할 수 있다. 여기서도 사람의 손길(human touch)이 크게 개입되는 업무는 AI만으로는 대체하기 어렵다. 예를 들면 환자를 응대하고 주사를 놓아 주는 간호사의 업무나

응급 상황에서 환자를 이송하는 구급대원의 업무 같은 것 말이다. 공공 정책 분야에서 이렇게 사람이 직접 해야만 하는 부분을 제외하고 남는 것은 공공 정책의 수립이다. 공공 정책의 수립은 크게 이야기하면 우리가 국가를 어떻게 운영해 나갈 것인가에 대한 계획을 만드는 행위다. 본문에서 이에 대해 보다 자세히 다루겠지만, 간단히만 언급하면 국가적으로, 어떤 지역에서, 또는 어떤 산업 분야에서 정부가 개입해야 하는 이슈가 무엇이 있는지 파악하고, 무엇이 문제이고 어떤 해결책들이 있는지 조사한 다음, 구체적으로 무슨 해결책을 도입해 추진할 것인지 국민과 그 대표자들이 최대한 쉽게 이해할 수 있는 문서로 작성하는 것이라고 설명할 수 있다(외부에 공개되지 않는 정책 문서, 사업 계획안도 물론 존재한다). 이 책에서는 해당 정책이 채택되고 구체적인 실행 계획이 수립되는 단계까지를 공공 정책으로 보고, 그것을 이행하는 것은 공공 행정이라고 구분한다. 공공 정책과 공공 행정 분야에서 우리나라를 비롯한 많은 정부들은 업무의 질과 효율성을 높이기 위해 AI를 도입하는 노력을 계속해 왔다. 실제로 그렇다면 정부 기관 사무실 안쪽에서 이루어지는 업무들에 AI를 어떻게 적용할 수 있는지에 대해서는 이 책 전체에서 다루고자 한다.

공공 정책은 무엇을 말하는 것일까

정책학과나 행정학과를 나오지 않고 화학 공학을 전공했던 탓인지 공공 정책이 무슨 일을 말하고, 세부적으로 어떻게 나누어지는지, 그리고 본질은 무엇인지에 대해서 조금이나마 이해하는 데 아주 많은 시간이 걸렸다. 저자는 공공 정책 분야에서 8년 넘게 재직했는데, 초반 4~5년 동안은 누군가가 나에게 "공공 정책은 무슨 일을 말하는 거냐, 너의 직업이 뭐냐"고 묻지 말기를 몹시 바랐다. 너무나 대답하기 어려웠기 때문이다. 내가 출근해 하는 일들이 본질적으로 어떤 의미를 가지는지 명확히 인지하기가 어려웠다. 지금은 그나마 아주 일목요연하게는 아니라도 이 책에서처럼 장황하게 설명하는 것은 가능해졌다. 그렇다면 왜 그렇게 장황하게 설명해야만 하는 것일까?

공공 정책 수립은 기업의 경영 전략 수립하고 비슷하면서도 구조적으로 다르다. 정부의 역할이 국가를 경영하는 것이라고 뭉뚱그려 생각한다면, 국가를 잘 경영하기 위해서 무엇을 어떻게 해야 하는지 고민하는 것이 공공 정책 부문의 업무라고 할 수 있고, 국가는 특정 분야에 특화해서 사업을 영위하는 기업과 다르게 영향력이 미치지 않는 곳이 없기 때문에 공공 정책 수립에 필요한 조직도 무척 클 수밖에 없다. 공공 정책과 경영 전략 수립이 구조적으로 다른 이유는, 회사의 소유와 의사 결정권은 주주들이 가지고 있고, 의결권이 주식의 소유량과 비례하기 때문에 비교적 소수의 인원에 의해 의사 결정이 이루어지는 것에 반해, 국가는 헌법적으로 국민이 소유하는 것으로, 의사 결정의 권한이 엄청나게 분산되어 있다. 국민을 대표하는 국회 의원은 입법부에 해당하며 정부는 행정부에 해당하기 때문에 국회 의원이 정부를 지배하는 것이 아니라 상호 협력 및 견제하는 관계다.

이것은 무엇을 의미하는가? 기업의 경영 전략 수립 부서가 설득해야 할 대상은 대주주 및 이사회, 최상위 경영진으로 좁혀져 있는 반면 공공 정책 수립 부서(즉, 중앙부처)가 설득해야 할 대상은 매우 추상적이다. 만일 정부가 최상위 경영진에 해당하는 장관이나 총리, 대통령의 의견만을 고려한다면 그것은 비판의 대상이 될 것이고, 그렇다고 국민 모두와 소통하는 것도 현실적으로 어렵거니와, 국민을 대표하는 국회의 의견은 당연히 반영해야 하지만 정부가 국회에 종속되어 있는 것은 아니다. 심지어 궁극적인 고객에 해당하는 국민은 반대로 정부에 묶여 있는 관계다. 예를 들면, 나는 여러 나라 정부의 서비스를 비교해서 가장 마음에 드는 나라를 몇 개 골라

돌아가면서 이용할 수는 없다. 그래서 공공 서비스가 마음에 안 들면 기업이나 가게의 서비스가 마음에 안 들 때보다 더 기분이 나쁜지도 모른다. 점심 식사를 한 식당이 마음에 안 들면 내일부터 다른 식당에 가면 되지만, 공공 서비스는 마음에 안 들어도 계속 써야만 하고 그것의 운영 주체는 유사시에 나에게 명령을 내릴지도 모르는 존재이기 때문이다. 물론 기업도 최근에는 ESG(환경, 사회, 지배 구조)의 중요성이 부각되면서 단순히 주주의 이익 극대화라는 일차적 의무 이외에 지역 사회도 이해관계자에 포함해서 사회적 책무를 이행해야 한다는 논의가 강화되고 있어 기업의 경영 전략 수립도 점점 복잡하고 추상적으로 변하고 있을 것이다. 그럼에도 공공 정책의 수립이 유독 손에 잡힐 듯 잡히지 않는 뜬구름 잡는 이야기로 들리는 것은 이러한 구조적인 애매함 때문이다.

저자는 이번 책을 집필하면서 스스로 공공 정책에 대한 이해를 높일 수 있었다. AI가 공공 정책에 어떻게 적용되는지 흥미로운 사례들을 소개하는 것도 중요한 작업이겠지만, 단순히 사례들을 나열하는 것이 아니라 AI가 공공 정책의 어떤 요소들에 적용될 수 있는지, 그에 따라 어떤 결과가 나타날 수 있고 어떤 위험이 존재하는지, 현실적으로 어떤 어려움이 있는지 풀어내 보고자 했다. 그러기 위해서는 공공 정책이라는 큰 영역을 보다 분석적으로 이해해야 했다. 평소에 중앙 부처나 산하 공공기관에서 어떤 일을 하는지 궁금했던 분들이 계시다면 이 책을 통해서 어느 정도 엿볼 수도 있으리라 생각한다. 중앙 부처 산하 공공 기관에서 8년 이상 일하면서 이해한 공공 정책 실무 방식에 대한 설명을 담았기 때문이다. 물론 저자의 관찰은 국가 전체로 보면 매우 작은 과학 기술 정책이라는 분야에 국한된 것에 불과하지만, 다른 분야에서도 일하는 방식이 대체적으로는 유사할 것이라고 본다. 산업 정책, 노동 정책, 농업 정책, 문화 정책 등 여러 가지 분야가 있지만 그렇다고 해서 아주 특수하거나 대단한 방법론이 사용되는 것은 아닐 것이기 때문이다. 공공 정책 업무라는 것이 위에서 잠시 언급한 것처럼 추상적이고 애매하긴 하지만, (외부에서 제기되었거나 직접 찾아낸) 문제를 명확히 정의하고 그것에 대한 해결책을 찾아내어 제시하는 일이다. 그 방법은 데이터와 문헌, 관련 제도와 법률을 분석하고 이해관계자의 의견을 듣고 필요시 전문가의 자문을 받는 것이 대부분이다. 분야별로 차이점이 있다면 어떤 데이터를 쓰고 데이터를 분석하는 세부적인 방법론은 무엇인가, 또는 어떤 이해관계자나 전문가와 소통하는가 정도일 것이다. 저자는 이러한 업무에서 AI가 어떤 부분에 도움을 줄 수 있는지를 고민했고, 그것을 최대한 정제해 글로 담았다.

이 책의 시작점과 도움이 되길 바라는 점들

저자가 공공 정책 수립 업무에 AI를 적용하는 것에 관심을 가지게 된 계기는 2018년에 정부 연구 개발 과제 데이터를 분석하는 데 기계 학습을 활용하는 기관 내 연구에 참여했던 것이다. 저자는 대학교 학부 시절 자바(Java)나 C 같은 프로그래밍 언어를 조금 배우긴 했지만, 기계 학습이나 인공 신경망 같은 AI 기술 자체에 대한 전문성은 전혀 없었던 상태로, 개발하고자 하는 소프트웨어의 기능을 설계하고 개발사와 소통하기 위해서 자연어 처리에 대해 공부를 하면서 과제를 진행했다. 대략 3년간의 연구를 진행했던 경험이 저자를 AI 개발자로 만들어 주지는 않았지만, 공공 정책 분야에서 AI를 어떻게 활용하면 좋을지에 대해 고민하는 계기가 되었다. 그리고 몇 년이 지나 생성형 AI가 등장하고 AI가 모든 이슈를 휩쓰는 것을 지켜보면서, 처음에는 정부가 따라가기에는 너무 빠른 속도로 기술이 발전해 버리는 것이 아닐까, 국민의 눈높이와 정부의 현실 사이의 괴리는 점점 더 커져 가

기만 하는 것이 아닐까 하는 우려가 먼저 들었다. 그러나 생성형 AI로 업무의 효율성을 높이는 강좌 같은 것을 접하면서, 이것은 공공 정책에도 좋은 기회임을 확인했다. AI는 이제 프로그래밍 전문가가 아니라도 활용할 수 있는 방법이 점점 많아지고 있으며, 적절한 규정의 마련과 사용 방법에 대한 교육만으로도 업무 효율을 꽤나 높일 수 있을 것이다. 물론 근본적인 활용을 위해서는 심도 깊은 논의가 필요하고 인프라와 서비스를 정부 내에서 구축해야 할 것이므로 간단한 일은 아니다. 이 책에서는 최근 10년간 비약적으로 발전한 AI의 흐름과 공공 정책 분야에서 이를 어떻게 활용해 왔는지, 앞으로는 어떻게 활용할 수 있을지에 대해 조금이나마 담아 보고자 했다.

이 책은 정부에서의 AI 활용 사례에 대해 일차적으로 소개하고, 그것이 공공 정책에서 어떤 부분에 해당하는지에 대해 설명한 후, 이 책에서 궁극적으로 다루고자 하는 정책 수립 과정에서 AI를 활용하는 것이 가능한지, 어떤 문제가 존재하는지, 마지막으로 AI가 어떤 도움을 줄 수 있는지로 구성되어 있다. 본격적인 AI가 적용되기 이전에 우리나라의 전자 정부와 데이터 기반 공공 행정이 어떻게 구축되어 있는지 간략히 살펴본 후, AI를 적용한 공공 서비스를 사례 중심으로 소개할 것이다. 그리고 근거 기반 공공 정책이라는 개념과 최근의 AI 발전 동향을 설명하면서 공공 정책에 AI를 접목할 수 있는 가능성을 논의해 볼 것이다. 이 책의 중반부 이후에는 공공 정책 수립에서 AI를 도입하는 데 어떤 이슈가 있는지에 대해서 주로 다룰 것이다. 또한 앞서 잠시 언급한 저자의 연구 사례를 소개함으로써, 공공 정책 수립 업무에서 AI를 도입하면 무슨 이점이 있는지에 대해서도 소개하고자 한다. 그리고 책의 후반부에는 공공 정책 담당자를 AI로 단순히 대체할 수 없는 이유와 그들이 AI를 똑똑하게 활용할 수 있는 방안에 대해서 논의해 볼 것이다.

이 책이 사회에 도움이 조금이나마 도움이 될 수 있기를 기대하는 방향은 두 가지다. 첫째는 우리나라 정부도 AI에 대해 오랫동안 깊은 관심을 가지고 많은 노력을 했으며 실제로 공공 서비스에 도입한 사례가 많다는 것을 소개하는 것이다. 1장에서 바로 소개하겠지만, 우리나라 공공 서비스는 전산화 차원에서 세계 최상위 수준이며, AI가 지금처럼 강력한 이슈가 되기 이전부터 선제적으로 도입하기 위한 여러 사업을 추진해 왔다. 그럼에도 불구하고 공공 부문은 항상 느리고 뒤처져 있는 것처럼 느껴지는 이유는 단지 기술의 발전이 조직의 규모에 비해 너무나도 빠른 탓이다. 임직원 수로 따지면 대한민국 정부는 국내 최대 규모의 기업이다. 삼성 그룹 모든 계열사 임직원 수를 합치면 약 28만 명인 것으로 알려져 있고(캐치, 2023), 우리나라 공무원 정원은 2023년 말 기준 약 117만 명이다(정부조직관리정보시스템). 산하 공공기관 임직원 수를 합치면 더 많다. 이렇게 거대한 조직이 스타트업처럼 빛의 속도로 움직이는 게 가능하다고 생각하는가?

또한 공공 정책과 관련한 업무에 종사하는 분들이 이 책을 통해 공공 정책에서 AI의 가능성에 대해 이해도를 높이고, AI를 활용해 업무를 발전시킬 수 있는 시도를 해 보거나 새로운 기회들을 만들어 보는 데 조금이나마 도움이 되기를 희망한다. 이 책을 집필하면서 전문적인 용어의 사용은 최대한 지양했으며, 사용이 불가피한 경우에는 되도록 풀어서 설명을 한 후에 내용을 다시 전개하도록 노력을 기울였다. 대한민국이 더 발전하고 경제가 확장될수록 공공 정책이 다루어야 하는 범위는 더 넓어지고 고려해야 할 사항도 많아질 것은 자명하다. 또한 복잡한 지정학적 위치에 자리했다는 것은 다른 강대국에 비해 고려할 점이 더 많다는 것을 의미한다. 그런데 정책 담당자 개인의 지식이나 사고 능력을 확장하는 것에는 한계가 명확하고, 이미 백만 명이 넘는 공무원 인력을 크게 확충한다는 것도 불가능한 일이다. 민간 기업처럼 대규모의 구조 조정이나 파격적인 인사 정책을 통해 혁신이나 효율성 증대를 꾀하는 것도 너무나 많은 산을 넘어야 하는 일일 것이고 리스크도 너무 크다. 하지만 AI를 잘 활용할 수 있다면, 공공 정책이 발전할 수 있는 여지가 극적으로 늘어날 수 있을 것이다. AI라는 이름이 들어간 새로운 무언가를 보여 주기식으로 만들자는 것이 아니라, 실무의 본질은 그대로 가져가면서 효율성과 효과성을 높이는 방향으로 말이다.

참고문헌

정부조직관리정보시스템. 공무원 정원.
https://www.org.go.kr/psncpa/pbsvnt/selectAll.do

캐치(2023.12.31). 삼성그룹 그룹개요.
https://www.catch.co.kr/Comp/GroupSummary/511

Datarails(2024.8.20). Which industries will AI impact the most and least. Datarails Blog,
https://www.datarails.com/industries-impacted-by-ai/

Wikepedia. History of artificial neural networks.
https://en.wikipedia.org/wiki/History_of_artificial_neural_networks

01
데이터 기반 행정: 전자 정부

우리나라는 세계적인 수준의 전자 정부를 가지고 있다. 전자 정부는 공공 서비스에 IT 기술을 활용해 효율성을 극대화하는 것으로, 우리는 전자 정부의 혜택을 톡톡히 보고 있다. AI가 지금과 같이 부상하기 전 공공 분야에 IT 기술을 활용하는 대표적 사례는 전자 정부였다고 볼 수 있다. 전자 정부는 공공 서비스와 행정에 필요한 많은 데이터를 전산화해 체계적으로 관리하고 활용하는 것이다. 본 장에서는 본격적으로 AI에 대해 논하기 전에 전자 정부에 대해서 알아본다.

AI와 1인 창업?

한국의 우수한 공공 행정 시스템

한국의 전자 정부 시스템이 우수한 것은 널리 알려진 사실이다. UN 산하 기구인 UNPAN(United Nations Public Administration Network)에서 발표한 세계 전자 정부 발전 지수 순위에서 우리나라는 2010~2014년에는 1위를 기록했고, 2022년에는 3위로 다소 하락했으나 여전히 세계 순위권을 유지하고 있다(e-나라지표). 올림픽으로 치면 무려 12년간 매번 메달을 따고 있는 것이다.

우수한 전자 정부 시스템을 가진 우리는 다른 나라에 비해 어떤 혜택을 누리고 있을까? 일상 관공서 행정을 단적인 예로 들 수 있을 것이다. 흔히 제출하는 증빙 서류인 주민 등록 등본을 예로 들어 보자. 정부24 웹사이트나 핸드폰 애플리케이션에서 클릭 또는 터치 몇 번으로 즉시 발급이 이루어지고 다운로드 및 인쇄가 가능하다. 이뿐만 아니라 수많은 공문서를 인터넷에서 비대면으로 발급받을 수 있다. 때문에 이제 서류 발급을 위해 주민 센터 또는 구청을 방문해야만 하는 경우는 매우 번거로운 것으로 간주된다. 관공서에 가야만 하는 경우는 인감 증명서와 같이 금전 거래와 연관해서 본인 확인이 엄격히 요구되는 일부 서류에 한정되는데, 사실 이러한 업무도 관공서에 아무 때나 신분증만 들고 가면 되는 경우가 대부분으로 상당히 편리한 것이다. 평범한 사람이 경험할 수 있는 가장 번거로운 관공서 행정 업무 중 하나는 부동산 거래 시 직접 셀프 등기를 진행하는 경우일 텐데, 이러한 업무를 변호사나 법무사가 아닌 개인이 직접 진행할 수 있다는 것 자체가 상당한 혜택이라고 볼 수 있다.

미국, 일본, 유럽과 같은 선진국의 공공 행정이 우리나라에 비하면 몹시 느리고 불편하다는 것 역시 널리 알려진 사실일 것이다. 각 나라의 일상 행정의 편의도를 객관적으로 비교하는 것은 이 책의 목적과 벗어나고, 각 나라의 공문서, 등기 등 행정 시스템도 상이하므로 이 책에서 깊이 논하기는 어렵다. 다만 단적인 예를 들었을 때, 일본은 최근에서야 공공 행정에서 플로피 디스크(floppy disk)의 사용을 폐지했다(SBS 뉴스, 2024). 이 책을 읽는 독자 중에는 플로피 디스크가 무엇인지도 모르거나 실물을 본 적 없는 사람도 있을 정도로 플로피 디스크는 박물관에 전시될 만한 구시대의 유물이라고 할 수 있다. 미국에서는 운전 면허증을 발급받으려면 시험에 합격한 후 몇 주를 기다려야 하며(우리나라는 당일 발급이다), 독일에서는 전출입 신고를 위해서 새벽 2시부터 줄을 서야 한다(KBS 뉴스, 2023). 한국의 공공 행정 시스템이 편리하고 효율적인 것은 그야말로 두말하면 잔소리인 것이다. 이것은 한국 공무원들이 일을 빨리 처리하기 때문이기도 하겠지만, 근본적으로 우수한 전자 정부를 갖추고 있기 때문이다.

전자 정부는 무엇을 말하는가

UN 전자 정부 순위의 세부적인 평가 항목을 살펴보면 온라인 서비스 지수, 통신 기반 지수, 인적 자본 지수로 구성되어 있다(e-나라지표). 이에 추가로 온라인 참여 지수를 평가해 데이터를 제공하고 있다. 온라인 서비스 지수는 정부의 일반적인 서비스 능력으로, 정부24와 같은 정부 포털 사이트 등에서 어떤 서비스들을 제공하고 있는지를 정량적으로 평가하는 것이다. 통신 기반 지수는 국가의 정보 통신 인프라 자체에 대한 평가로, 인터넷, 핸드폰 등 해당 국가의 국민이 얼마나 전자 정부를 이용할 수 있는지 접근성을 평가하는 것이다. 우리나라의 인터넷, 핸드폰 등 IT 기기 보급률이 세계적인 수준이라는 것이 거짓말이 아님을 드러내는 순위로, 이 항목에서 우리나라는 2014년 이후 4위 내를 유지하고 있다. 세 번째 세부 항목은 흥미로운데, 인적 자본 지수다. 이것은 정부가 제공하는 서비스의 양이나 질과는 별개로, 국민이 해당 서비스를 이용할 수 있는 지적 능력을 갖추었는지 평가하는 것으로, 성인 문해율, 취학률, 학교 교육 연수 등을 평가한다. 이 세부 항목에서 우리나라는 2012년에 6위를 기록했으나 최근 지속적으로 하락해 23위인 상태다.

이 챕터에서 논하고자 하는 전자 정부 인프라를 직접적으로 평가하는 세부 항목은 온라인 서비스 지수에 해당한다. 온라인 서비스 지수는 2003년에 18위였으나 2004년에 4위로 비약적인 상승을 이루었다. UN의 온라인 서비스 지수를 평가할 때 측정하는 세부 항목의 배점 비중을 살펴보면, 기관 프레임워크(10%), 서비스 제공(45%), 콘텐츠 제공(5%), 기술(5%), 온라인 참여 지수(35%)로 구성되어 있다(UN DESA, 2022). 기관 프레임워크는 전자 정부 구축과 운영을 위한 제도적, 법률적 기반 마련을 의미하며, 온라인 참여 지수는 전자 정부 웹사이트를 통한 시민이 공공 정책 형성이 얼마나 활발한지에 관한 지표다. 나머지 세부 지표는 제목에서 직관적으로 이해가 가능한 항목들이다. UN은 서비스 제공과 온라인 참여 지수에 높은 비중을 두고 있음을 알 수 있는데, 이는 전자 정부의 핵심은 단순히 홈페이지를 통한 일방적 정보 제공에 그치는 것이 아니라 실제 업무를 온라인으로 처리할 수 있고, 전자 정부가 국민과 정부의 소통 창구가 되어야 한다는 의미로 해석할 수 있다.

우수한 전자 행정의 조건

우리나라의 세계 온라인 서비스 지수가 2004년 세계 4위로 급상승하고 2020년에 세계 1위를 달성했다는 것은, 우리나라보다 온라인으로 관공서 업무를 처리하고 공무원과 소통하기 편리한 나라는 세계적으로 찾기 어렵다는 의미다. 2004년에 우리나라에는 무슨 일이 있었던 걸까? 김대중 정부의 업적으로 알려진 것이 IT 산업의 육성과 전자 정부의 구축이고, 노무현 정부는 이를 발전시켰다. 이 시기에 어떠한 정책이 수립되고 시행되었는지 정충식(2021)을 중심으로 살펴보도록 하자.

우리나라 정부의 정보화 정책은 김영삼 정부 시절로 거슬러 올라간다. 1990년대 후반 세계적인 IT 붐에 대응해 1994년 정보 통신부가 신설되고, 1995년 '초고속 정보 통신 기반 구축 종합 추진 계획'이 수립된다. 이와 더불어 정보화 촉진 기본법이 제정되었으며, 이는 우리나라에 인터넷이 빠르게 보급될 수 있는 기반이 된다. 김대중 정부는 이를 계승하고 IT 산업을 통해 IMF 경제 위기 극복에 기여하기 위해 1999년 '사이버 코리아 21(Cyber

Korea 21)'이라는 계획을 수립한다. 그리고 2001년 전자정부법이 제정되는데, 이것의 목적은 IT와 정부 업무 혁신을 결합해 정부경쟁력을 향상하고 대민 서비스를 개선하는 것이었다. 그리고 2002년 국민과 기업에 대한 서비스 혁신, 행정 생산성 제고 등 11개 사업이 완료되어 같은 해 9월 전자 조달 시스템이 개시되고 11월 민원 서비스 혁신 시스템이 개통되었다. 이로서 2002년 전자 정부가 본격 출범했다. 노무현 정부는 2003년 '전자 정부 31대 과제'를 발표했다. 해당 과제의 주요 내용은 중앙부처와 공공 기관 간의 정보 행정 정보 연계 · 통합, 지방자치 단체 업무의 전자화, 행정 정보의 공무원 직접 열람을 통한 민원인 구비 서류 간소화, 민원 업무의 온라인화로 요약된다(안수민, 2007). UN 전자 정부 순위가 급상승한 배경을 알 수 있다. 당시 전자신문 기사에서는 전자정부가 완성된 것이 아니며 지속적인 발전이 필요하다고 지적했지만, 다른 나라에 비해 선구적이었음을 짐작할 수 있고, 이후 20년간 완성도가 높아진 전자 행정 시스템을 오늘날 우리가 누리고 있는 것이다.

1990년대 후반부터 쌓아 온 전자 행정 시스템의 덕을 톡톡히 보게 된 전 세계적 이벤트는 바로 코로나19 바이러스의 창궐일 것이다. 그 이전까지만 해도 전자 정부 서비스는 분명 편의를 제공하지만 필수는 아니었다고 볼 수 있다. 인터넷으로 사용자(민원인) 스스로 메뉴와 방법을 찾아 서류를 발급받는 것은 젊은 세대에게는 편리한 일이지만, 기성세대의 경우 공무원이 해야 할 일을 국민에게 전가하는 것으로 받아들일 수도 있었다. 잠시 시간 내서 주민 센터 한 번 방문하면 훨씬 확실하게 안내받고 처리할 수 있는데 말이다. 그러나 사람과 사람이 만날 수 없게 된 상황에서 행정의 전자화는 선택이 아니라 필수였다. 또한 전 세계적 경제 충격으로 인한 대책을 마련하고 지원금을 지급하는 등 정부가 매우 바쁘게 움직여야 하는 상황에서 전자 행정은 매우 요긴한 역할을 했다. 서두에 잠시 언급했지만 옆 나라 일본의 경우 전자 행정에 매우 뒤떨어진 상태였기 때문에 코로나19로 인해 상대적으로 더 큰 혼란을 겪었다. 예를 들면, 주민 등록 서류가 전자화되어 있지 않아 공무원이 일일이 수작업으로 재난 지원금 신청서와 주민 등록 서류를 대조해야 하는 큰 비효율이 발생했다(김희경, 2020). 반면에 우리나라는 기본적인 행정 시스템이 중단 없이 정상 운영되었을 뿐만 아니라, 코로나 백신 접종 예약, 비대면 진료 및 약 처방, 재난 지원금 지급 등 폭증하는 민원 업무가 일시적인 접속자 폭주로 대기 시간이 발생했을지언정 모두 정부 웹사이트 또는 앱을 이용해서 해결이 가능했다. 어떤 지역에 가야 코로나19 백신을 접종받을 수 있는지, 코로나19에 감염되었는데 치료받으려면 어디를 가야 하는지 최소한 중증 질환자나 급성 환자가 아니라면 문자나 이메일로 안내받는 대로 행동하면 충분했다. 이것이 바로 우수한 전자 행정의 조건이다. 사용자가 필요한 것이 준비되어 있는 상태인 것이다.

참고문헌

KBS 뉴스(2023.5.1). [글로벌K] 전출입 신고하려고 새벽 2시부터 줄서는 나라.
https://www.youtube.com/watch?v=gwdHEqJX_vo

SBS 뉴스(2024.7.5). '아날로그' 일본에서도 결국 사라졌다… "플로피디스크 전부 폐지".
https://news.sbs.co.kr/news/endPage.do?news_id=N1007710554&plink=COPYPASTE&cooper=SBSNEWSEND

UN DESA(United Nations Department of Economic and Social Affairs)(2022). UN E-government survey 2022: The future of digital government.

김희경(2020.5.28). 日 '아날로그 행정'에 발목잡힌 재난지원금 10만엔 지급. ≪한국일보≫,
https://www.hankookilbo.com/News/Read/202005281678388417

안수민(2007.9.10). [전자정부 31대 혁신 프로젝트 성과와 과제](1) 정부 혁신 견인차 됐다. 전자신문,

https://www.etnews.com/200709070138
정충식(2021). 우리나라 정보화 및 전자정부 정책 30년의 변화. ≪지능정보기술동향≫, 2021년 5월호.
지표누리 e-나라지표. UN 전자정부평가, 통계청, https://www.index.go.kr/unity/potal/main/EachDtlPageDetail.do?idx_cd=1027

02
AI를 접목한 공공 서비스

우리나라 정부는 우수한 전자 정부 시스템을 바탕으로 AI를 활용하는 시도를 적극적으로 추진해 왔다. 이러한 노력의 결과로 실질적인 편익을 제공하게 된 성공적인 공공 서비스 사례들도 존재한다. 본 장에서는 기존의 IT 기술과 AI 기술의 차이점을 짚어 본 후, 체납된 세금의 징수부터 공공 기관의 효율적 회의 진행까지 공공 서비스에 AI를 적용한 국내외 다양한 시도들을 살펴본다.

AI와 MBTI?

전자 정부와 AI의 차이

전자 정부 시스템은 사실 이 책의 제목인 AI와 공공 정책과는 다소 거리가 있어서, 일부 독자들은 머리를 긁적이고 계실 수도 있다. 1990년대부터 개발되고 발전해 온 전자 행정이라는 것은 전통적인 IT 서비스에 해당하기 때문이다. 마치 기존에 오프라인에서만 물건을 팔고, 수기로 재고를 관리하고, 전화로만 사후 응대를 진행하던 소매 업체가 IT 업체에 컨설팅과 용역을 의뢰해 재고와 장부를 관리하는 데이터베이스 시스템을 구축하고, 이에 연동되어 있는 온라인 상점 웹사이트를 개설하고, 이메일과 실시간 채팅 상담 서비스를 운영하게 된 격이다. 업무의 효율성과 투명성이 제고되고, 소비자의 편의성과 만족도는 높아진다. 주민 센터에서 500원을 내야 하는 서류를 정부24에서는 무료로 발급받을 수 있고, 정부 기관 간의 정보 공유는 세금의 효율적 사용으로 이어질 것이다.

구글은 AI를 "컴퓨터에서 음성 및 작성된 언어를 확인, 이해, 번역하고 데이터를 분석하며 추천하는 기능을 포함해 다양한 고급 기능을 수행할 수 있게 해 주는 일련의 기술"이라고 정의하고 있다(구글). 이 정의를 좀 더 깊게 해석하면, AI는 ① 음성이나 언어와 같은 정형 또는 비정형 데이터를 이해하고 번역하는 기능, ② 이를 분석하는 기능, ③ 사용자에게 뭔가 제안하는 등의 고급 기능을 갖추고 있어야 한다. 사용자의 관점에서 보면, ①, ②번은 사용자가 이미 제공했거나 새롭게 제공한 정보를 시스템이 활용하는 과정에 해당하고, ③번이 무언가 제공받는 단계에 해당한다. 즉, 내가 시키지 않은 무언가를 제공해야 AI라고 말할 수 있는 것이다. 정부24나 대법원 웹사이트에서 주민 등록 등본이나 가족 관계 증명서를 발급받는 과정에서 AI라고 할 만한 것은 없다. 본인 인증을 통해 저장된 데이터에 대한 접근 권한을 획득하고 데이터를 출력하는 것에 지나지 않는다.

공무원 또는 공공 기관 직원의 관점에서 위의 ①~③을 보면, 정부에 축적되어 있는 정보를 기존의 스프레드시트 프로그램으로 처리하기 어려웠던 고도화한 방식으로 해석하고 분석해 새로운 정보를 제공하는 시스템이나 소프트웨어가 있다면 AI라고 불러 줄 만할 것이다. 평범한 직원이 스프레드시트 프로그램으로 할 수 있는 분석은 숫자나 문자열을 크기순, 가나다순으로 정렬하거나, 여러 데이터를 대조하거나, 수치화되는 데이터에 대해 회귀 분석 등의 통계 분석을 수행하는 것 정도다. 물론 이것만으로도 많은 훌륭한 일을 할 수 있지만, 이러한 분석은 대부분 숫자화 또는 유형화되어 있는 정형 데이터에 대해서만 제한적으로 수행할 수 있다. 또한 이를 통한 분석의 결과는 분석자(공무원)가 의도한 결괏값에 해당할 것으로 새로운 제안에 해당한다고 보기도 어렵다.

그래서 AI를 적용하는 데 사람들이 관심을 가지는 데이터는 비정형 데이터다. 예를 들면, 기관 간에 송·수신한 공문서 또는 국민 신문고에 접수된 글의 내용은 문자열로 이루어진 데이터로, 사람은 그것을 읽고 의미를 이해할 수 있지만 스프레드시트나 문서 작성 프로그램은 그것을 이해할 수 없다. 마치 우리가 전혀 모르는 언어로 작성된 글을 볼 때와 같이 그저 글자의 나열일 뿐이다. AI는 사람과 같은 방식은 아니지만, 언어 모델이라는 나름의 방식을 통해 문자열의 패턴, 문자열 간의 유사성 등을 이해한다. 문자 그대로 '이해'하는 것은 아니지만 말이다. 챗지피티(ChatGPT)와 대화하면 마치 내가 입력한 말을 이해하고 답해 주는 것 같지만, 오픈AI 서버가 나의 입력을 사람이 이해하듯이 이해한 것은 아니다. 챗지피티가 대화형 인터페이스를 통해 나에게 아이디어를 제공해 주기도 하고, 구글 검색 시 질문 형태로 검색어를 입력하면 내가 알고 싶었던 것을 척척 찾아 주는 것은 상술한 AI의 정의에 부합한다고 볼 수 있다. 만약 전자 정부가 이와 같이 동작할 수 있어서, 공무원이 정책을 개발하고 민원인이 업무를 요청할 때 사용자가 무엇이 필요한지 시스템이 이해하고 제안할 수 있다면 금상첨화일 것이다. 여기까지 도달하기에는 아직은 많은 산을 넘어야 하지만, 언젠가는 도달할 지점이라고 예측해 본다.

빅 데이터 분석에 기반한 스마트 행정 사례

하지만 챗지피티와 같은 인터페이스가 아니라도 다양한 데이터에 보다 고급 분석을 적용해 기존에 쉽게 얻어 낼 수 없었던 정보를 얻어 내는 시도가 공공 부문에서 활발히 이루어져 왔다. 이른바 빅 데이터 분석이 그것이다. 한동안 빅 데이터라는 단어가 모든 분야에서 유행했는데, 공공도 예외는 아니었다. 빅 데이터 분석은 보다 발전한 컴퓨터 하드웨어를 이용해 기존의 방대하게 축적된 데이터를 종합적으로 분석하는 것을 의미한다. 빅 데이터 분석이 완전한 AI라고 볼 수는 없겠지만, 빅 데이터 분석에 활용되는 세부적인 방법론이나 수학적 모델이 AI에 활용된다는 점에서 AI로 가는 중간 단계라고 볼 수 있다. 2021년 행정안전부와 한국지능정보사회진흥원은 『공공부문 데이터 분석 · 활용 우수사례집』을 발간해 빅 데이터 분석을 공공 행정 또는 공공 정책에 적용한 사례를 소개했다. 이 책에서는 이 중 눈에 띄는 두 가지를 소개해 보고자 한다.

첫 번째 사례는 행정안전부에서 추진한 빅 데이터 분석 기반 체납 유형별 징수 활동이다. 우리나라에서 지방세를 체납하고 있는 사람이 400만 명에 달한다고 한다. 이들이 세금을 체납하는 이유는 실로 다양할 것이다. 의도적으로 세금을 내지 않는 사람들도 있을 것이고, 세금을 낼 의지는 있으나 경제적인 상황으로 인해 내지 못하는 경우도 있을 것이고, 부과된 세금이 부당하다고 인지해 납세를 거부하고 있거나, 세금이 부과된 줄 미처 알지 못해 기한 내 납부를 하지 못한 경우도 있을 것이다. 이러한 여러 가지 사유에 대해 국세청이 맞춤형으로 대응해야 하는 것은 자명하나, 400만 명에 대해서 일일이 사유를 파악하고 징수 활동을 벌이는 것은 실로 어려운 임무가 아닐 수 없다. 본 사례에서 시도한 것은 체납자의 체납 사유를 다섯 개의 유형으로 대체적으로 분류하고, 머신 러닝이라는 기법을 이용해 각 유형별 체납자가 6개월 내 체납한 세금을 납부할 확률을 예측했다. 그리고 이 확률을 담당자가 문자 메시지로 체납 여부를 안내할지, 압류나 독촉 등의 보다 적극적인 징수 활동을 벌일지 등을 결정하는 근거로 활용했다. 실제로 행정에 이를 적용한 결과 유의미한 납부율 증가로 이루어졌다고 해당 보고서는 기술하고 있다.

이 사례를 분석해 보면 개별 담당자 수준에서는 절대 수행할 수 없는 대규모의 데이터 분석이 수반되었다는 것을 알 수 있다. 최근 5년간의 체납자 데이터(약 980만 명)를 대상으로 지방 자치 단체, 민간 신용 정보사, 한국 지역 정보 개발원의 데이터를 통합해 종합적으로 분석했다. 체납자의 유형은 담당 업무를 일정 기간 이상 수행한 공무원이라면 경험을 바탕으로 분류해 낼 수 있겠지만, 이를 실제로 데이터에 적용해 6개월 내 체납된 세금을 납부할 확률이라는 손에 잡히는 정량적 지표를 제공한 것은 해당 사례의 핵심 가치로 보인다. 그리고 이를 발전시켜 새로운 체납자가 발생했을 때 적절한 대응 방안을 담당자에게 제시해 줄 수 있다면, 또는 담당자가 개입하기 전에 자동으로 대응 방안이 실행될 수 있다면 보다 AI에 가까운 행정이 될 수 있을 것이다.

두 번째 사례는 대전시에서 소방차, 구급차와 같은 긴급 차량의 출동 시간을 단축하기 위해 긴급 차량들의 GPS 데이터와 도로 교통 데이터를 분석해 위급 상황 발생 시 어떤 기관(소방서, 병원 등)에서 출동을 하는 것이 더 효율적인지, 어떤 경로로 안내해야 신속히 도달할 수 있는지, 소요 시간을 단축하기 위해서는 도로에 어떤 개선이 필요한지 등을 연구한 사례다. 그 결과 긴급 차량이 신속히 도달하기 힘든 취약 지역, 취약 시간대를 도출할 수 있었고, 상습 정체 구간을 파악해 해당 지역에 스프링클러를 설치한다거나 하는 기반 시설 강화를 대전시에 제안했다. 이 역시 소방관 등 일선의 담당자가 경험적으로 알고 있었을 수도 있는 사항이지만, 방대한 데이터의 체계적인 분석을 통해 근거를 마련하고 실제로 적용 가능한 제안 사항을 도출했다는 점에서 우수 사례라고 할 만하다.

이 사례와 첫 번째 사례의 공통점은 방대한 데이터의 분석을 통해서 해당 업무에 적용 가능한 지식 및 행동 지침을 제공했다는 것이다. 이러한 점에서 구글이 정의하는 AI의 조건을 어느 정도 갖추고 있음을 알 수 있다. 다만, 이러한 분석 모델은 특정 목적을 위해서만 동작하고 데이터의 형식이나 종류, 내용 등의 조건이 변경될 경우 모델을 수정해야 하므로 최근에 유행하는 챗지피티보다는 더 초보적인 형태의 AI라고 하겠다. 이러한 활동들이 누적되면 담당자 개인들이 보다 열심히 일하는 것 이상으로, 일하는 방식 자체를 더 효율적, 체계적으로 발전시킬 수 있다는 점에서 스마트한 행정으로 나아갈 수 있을 것이다.

국내외 공공 서비스 AI 도입 추세

최근에 AI가 어떻게 적용되었는지 눈에 보이는 공공 서비스가 늘어나고 있는 것은 매우 고무적인 일이다. 이것이 가능하게 된 이유는 이미지 인식 AI, 생성형 AI와 같은 신기술이 현업에 적용이 가능한 수준으로 향상했기 때문이다. 최근에 공공에서도 매우 선제적으로 AI를 도입했다고 느낀 사례가 있었다. 모 공공 기관의 회의에 참석한 적이 있다. 통상적으로 공공 기관에서 회의를 진행할 경우, 해당 회의의 간사가 자료를 나눠 주고 개요를 설명한다. 그런데 당일 회의의 내용을 화면에서 확인해 달라는 간사의 안내 후, 화면에 영상으로 AI 아나운서가 등장해 그날 회의의 내용을 설명하기 시작했다. 우리가 보통 TV에서 보는 아나운서와 유사하게 정말 사람 같은 영상이었고, 말도 매우 자연스러웠다. 정형화되어 매번 유사하게 진행되는 회의에 AI 아나운서를 활용해 업무의 효율성을 높인 것이다.

이와 같이 국내 여러 행정 기관 및 공공 기관에서 AI를 도입한 서비스를 시도하고 있다. 소프트웨어 정책 연구소에서 2024년 발간한 『공공부문 AI 도입현황 연구』에 따르면, 국내 공공 부문에서 발주한 ICT 시스템 구축 용역 중 AI가 차지하는 비중은 2022년 기준 11.4% 정도다. AI 개발 용역은 2013년 처음 발주했는데, 용역 금액 기준으로 보았을 때 10년(2013~2022)간 연평균 무려 63.7% 증가했다. 2022년 발주한 공공 부문 AI 개발 용역은 922건에 달한다. 2024년 현재 기준 우리나라의 중앙 행정 기관이 42개고 알리오(공공 기관 경영 정보 공개 시스템)에 등록된 공공 기관이 350개이므로, AI 개발을 발주하지 않은 기관이 거의 존재하지 않을 것임을 짐작할 수 있다. 또한 AI를 도입하기 위한 노력이 이미 10여 년 전부터 시작되었다는 점은 놀라운 부분이다.

정책 분야별 AI 개발 용역 분포를 살펴보면 산업/고용 분야가 가장 비중이 높으며(16.5%), 교통 수송/건설(11.6%), 기상/재난 안전(10.4%), 보건/의료(7.7%), 경제/금융(4.7%), 교육/육아(3.5%), 농축수산(3.4%) 분야가 그 뒤를 이었다. 우리가 일상생활에서 주로 접하는 공공 서비스는 교통 수송/건설 또는 보건/의료, 교육/육아에 주로 해당할 것임을 고려하면, 공공 분야에서 AI를 도입하기 위해 10년 전부터 노력해 왔지만 우리가 피부로 느끼기는 어려웠을 것을 짐작할 수 있다. 이러한 점은 해당 보고서에서도 언급하고 있는데, 대민 서비스보다 내부 역량 제고를 위한 AI 개발이 두 배 많으며, 최근에 챗봇, 추천 시스템 등의 기술이 등장하면서 대민 서비스에 AI를 적용하고자 하는 사례가 늘어나고 있는 추세라고 정리하고 있다.

해외에서는 공공 서비스에 AI를 어떻게 도입하고 있을까? 2023년 한국지능정보사회진흥원에서 발간한 보고서에 따르면, 미국과 유럽을 중심으로 챗봇 등을 이용한 AI 공공 서비스가 다양화하고 있다. 대표적인 예로 미국의 경우, 이민자의 국가답게 이민 관련 민원의 규모가 매우 크고, 이를 보다 효율적으로 대응하기 위해 에마(EMMA)라는 챗봇을 도입했다. 일본 내각부가 간담회 의사록에서 정책 결정에 활용할 수 있는 핵심 내용을 AI로 추출한 사례도 있다.

AI의 공공 서비스 적용은 공공 서비스의 개선뿐만 아니라 관련 민간 시장의 확대, 기업의 육성과도 직결되어 있는 이슈다. AI에서 데이터의 중요성에 대해 앞서 언급했는데, 공공 데이터의 개방 역시 활발히 추진되고 있다. 모든 행정 담당자가 AI에 대해 해박해질 수 없으므로 민간에서 새로운 공공 서비스 혁신에 대해 공공에 제안할 수 있어야 하며, 공공에서 먼저 어떠한 과제를 발주하려할 때 국내의 기업들이 그것에 대한 역량을 축적하고 있을 수 있도록 정부에서 관련 재료를 최대한 많이 개방하려는 것이다. 국내에서는 공공 데이터 포털(www.data.go.kr)에서 2023년 기준 약 8만 건의 데이터를 제공하고 있으며, 이에 한발 더 나아가 AI 산업에서 활용할 수 있을 만한 학습 데이터를 공공에서 제작해 배포하는 AI Hub라는 웹사이트도 존재한다. 공공데이터 접근이 보다 수월하도록, 보다 쓸모 있는 공공데이터를 제공해야 한다는 지적이 존재하지만(국회입법조사처, 2023), 우리의 행정이 상당히 빠르게 스마트해지고 있다는 것은 부정할 수 없을 것이다.

참고문헌

고용노동부(2024.6.12). 맞춤형 구인·구직·매칭서비스가 인공지능(AI) 기반으로 확 달라집니다. 고용노동부 보도자료.

구글. 인공지능(AI)이란 무엇인가요?. https://cloud.google.com/learn/what-is-artificial-intelligence?hl=ko

국회입법조사처(2023). 한국과 미국의 공공데이터 개방 비교 및 향후 과제. ≪이슈와 논점≫, 2063.

임영모 외(2024). 공공부문 AI 도입현황 연구. 소프트웨어정책연구소.

장세민(2024.9.13). 원티드랩, 워크넷에 AI 솔루션 도입 …노동부 일자리 매칭 지원. AI타임스, https://www.aitimes.com/news/articleView.html?idxno=163394

한국지능정보사회진흥원 (2023). 해외국 인공지능(AI) 기반 공공서비스 추진현황. ≪The AI Report≫, 2023-3.
행정 안전부 · 한국지능정보사회진흥원(2021). 『공공부문 데이터 분석 · 활용 우수사례집』.

03
AI와 근거 기반 공공 정책

광의의 공공 정책은 행정을 포함한다고 볼 수 있지만, 협의의 공공 정책은 국가 운영의 전략과 계획을 세우는 행위이고 행정은 그것을 실행하는 것으로 구분된다. 이 장에서는 공공 정책 수립의 단계가 무엇인지 살펴보고 그중 어떤 단계에 AI를 적용할 수 있는지 설명한다. 또한 AI가 도움을 줄 수 있는 분야인 공공 정책의 근거 자료 마련에서 어떤 기술들을 활용할 수 있을지 살펴본다.

AI와 난임 극복?

공공 정책과 공공 행정

이 책의 제목은 『AI와 공공 정책』인데, 앞선 두 장에서 저자는 '정책'이라는 단어를 거의 사용하지 않았다. 대신에 '행정'이라는 단어만을 사용했다. 그 이유는 공공 정책과 공공 행정은 어느 정도 구분되는 영역이고, 앞서 소개한 사례들은 정책보다는 행정에 해당하기 때문이다. 공공 정책과 공공 행정은 각각 의사 결정과 의사 결정의 실행으로 쉽게 구분할 수 있다. 공공 부문의 의사 결정은 다양한 정의가 가능하겠지만, 필자는 국가의 원활한 운영과 발전을 위해 법률에서 허용한 범위 내에서 정부 부처 및 산하 기관이 세부적인 사항과 계획을 결정하는 행위라고 이해하고 있다. 법률은 해당 분야의 대원칙을 규정하지만, 그것을 실제로 어떤 목표를 가지고 어떻게 실현해 낼 것인가에 대해서는 세세히 규정하지 않는 경우가 많다. 기업에서 기업의 정관, 내규, 취업 규칙 등의 규정들이 영업 활동의 모든 것을 규정하지 않는 것과 마찬가지다.

공공 정책이 무엇인지, 그리고 그것이 어떠한 단계를 거쳐서 수립되는지에 대한 이론적인 정의는 Jann & Wegrich(2007)에서 확인할 수 있다. 각 단계는 다음과 같다. ① 의제 형성(Agenda Setting) ② 정책 형성

(Policy Formulation) ③ 의사 결정(Decision Making) ④ 정책 구현(Policy Implementation) ⑤ 정책 평가(Policy Evaluation). 각 단계의 내용은 직관적으로 이해 가능하다. 우선 어떠한 사회적 수요로 인해 정책이 필요하다는 인식과 요구가 제기되는 단계가 의제 형성이다. 그리고 두 번째 정책 형성 단계에서는 그런 요구를 어떻게 해소할 것인지에 대한 고민이 이루어진다. 이러한 고민은 공무원들이 내부적으로 할 수도 있겠지만, 외부의 정책 수요자들이 보다 적극적으로 민원을 제기할 수도 있다. 그다음 단계는 그렇게 고안된 정책을 실행에 옮길 것인지 결정하는 단계로, 정책의 종류나 범위에 따라서 행정부(정부 부처, 대통령)에서 바로 결정이 가능할 수도 있고, 입법부(국회)의 승인이 필요할 수도 있다. 의사 결정 단계에서 정책의 내용이 변경될 수도 있다. 그다음은 해당 정책을 구현해 실제로 실행하는 단계인데, 여기서부터는 공공 행정의 영역과 중첩된다고 볼 수 있다. 앞서 언급했듯이, 의사 결정 단계까지 수립된 정책을 가지고 실제 현장에 적용하기 위해서 보다 세부적인 계획을 수립하고, 자원을 투입하는 활동이 이루어지는 단계이기 때문이다. 마지막 정책 평가 단계는 해당 정책의 실행 결과가 얼마나 효과적이었는지 사

후에 평가하는 것이며, 평가 결과에 따라 정책을 지속하거나, 수정하거나, 또는 폐기할 수도 있다. 즉, 평가는 정책 수립을 위한 또 다른 의제를 설정하는 활동이 되므로 위의 다섯 단계는 ⑤번에서 ①번으로 이어지는 사이클이 된다.

공공 정책의 과정은 다시 말하면 이와 같이 공공의 이익이 되는 어떠한 목적을 가지고 법률이 허용하는 범위 내에서 무언가를 추진하기로 결정하고 목표와 실행 방안을 수립하는 것이다. 예를 들어 보면, 우리나라는 세계 여느 나라와 마찬가지로 도로 교통 신호 체계가 있고 제한 속도를 운영하고 있다. 이것은 운전자 및 보행자 등 시민의 안전과 효율적인 교통 흐름을 위한 것이다. 그리고 법률에 근거해 경찰은 신호 위반이나 과속을 단속할 수 있으며, 단속 카메라, 이동식 단속 등 여러 가지 방식을 동원할 수 있다. 하지만 관련 법률에서 경찰이 얼마나 '열심히' 단속을 해야 하는지, 단속을 통해 '어느 정도'의 도로 안전과 효율성을 획득할 것인지에 대해서는 당연히 직접적으로 규정하고 있지 않다. 안전과 효율성은 매우 중요한 가치고 다다익선이지만, 경찰의 자원과 역량은 한정되어 있으므로 무한히 단속을 시행할 수는 없으며, 때로는 과도한 단속이 교통 체증이나 시민의 불편을 일으킬 수도 있는 균형 관계(trade-off)가 존재한다. 그렇다면 어디에 어느 정도의 장비와 인원을 언제 투입할 것인가? 그보다도 신호 위반과 과속을 단속해 무슨 효과를 어느 정도로 얻어 낼 수 있을 거라 기대하는 것인가? 이러한 고민을 통해 예를 들면 '올해는 어떤 지역의 교통사고 발생률을 몇 % 저감한다'와 같은 구체적이고 측정 가능한 목표를 세우고, 이를 달성하기 위한 계획 또는 사업을 기획하는 것이 공공 정책이다.

다른 예로는, 중소기업의 해외 수출을 지원하는 것이 국가 경제에 매우 중요하므로, 국내에서 산업 통상 자원부나 중소 벤처 기업부 등 여러 부처에서 관련 업무를 수행하고 있다. 왜냐하면 여러 법률에서 해당 사항에 대해 여러 부처에서 예산을 투입할 수 있도록 허용하고 있기 때문이다. 그런데 해외 수출을 지원하는 방법이 한두 가지가 아니다. 당장 필자의 머릿속에 생각나는 예시만 들어 보아도, 해외 시장 조사를 대신해서 정보를 제공할 수도 있고, 연구 개발 비용을 지원해 줄 수도 있고, 해외 정부와 관세 협정을 맺을 수도 있으며, 외국 바이어와의 송사에 휘말린 기업에 법률 지원을 해 줄 수도 있다. 그렇다면 그 수많은 옵션들 중 어떤 것을 실행할 것이며, 어느 정도의 규모로 추진할 것인가? 교통안전 단속과 마찬

가지로, 모든 수단을 동원하면 좋을 것 같아 보이지만, 정부의 예산과 인력은 한정되어 있으며, 과도한 지원은 관련 산업 생태계에 악영향을 줄 수도 있기 때문에 어떤 수단을 어느 정도로 적용할 것인지에 대한 세심한 고려가 필요하다. 따라서 어느 산업 분야의 연간 수출액을 제고한다거나, 판로 개척에 소요되는 평균 기간을 단축한다거나 하는 목표를 수립하고 그것을 달성할 수 있는 세부적 계획이 필요하다.

공공 정책의 대표적인 결과물은 정책 문서들이라고 보면 된다. 우리나라의 경우, '대한민국 정책브리핑' 사이트에 들어가서 '정책뉴스' 메뉴에 들어가면 대략 4000건에 달하는 보도 자료들이 수록되어 있다. 특히, "○○○ 전략", "○○○ 계획" 등의 제목의 문서를 만들어서 발표했다고 하는 뉴스들이 많은데, 이러한 문서들이 공공 정책 활동의 결과물이다. 즉, "무엇을 하겠습니다"라고 계획이나 대책을 세우는 활동이라는 것이다. 혹자는 이러한 계획이나 대책이 공허하고 무용하다고 생각할 수도 있다. 왜냐하면 그러한 정책들이 실제로 실행에 효과적으로 옮기지 못했거나, 열심히 실행했으나 결과가 좋지 않았거나, 또는 실행하는 과정이 단순히 일반 대중의 눈에 잘 띄지 않을 수도 있기 때문이다. 실제로 공공 정책의 성과는 눈에 잘 띄지 않을 수밖에 없다. 해당 업무의 직접적인 당사자가 아니면 공공 정책의 존재 자체를 모르는 사람이 대부분이고, 기업의 제품처럼 광고를 하지도 않기 때문이다.

공공 정책 및 공공 행정과 AI의 관계

앞 장들에서 소개한 전자 정부나 공공 서비스에 AI를 접목해 혁신을 이루어 낸 사례들은, 위의 구분에 따르면 대부분 공공 행정의 영역에 해당한다. 기존에 사람이 직접 수행하던 업무를 AI를 이용해 더 효율적으로 만들거나, 빅 데이터 분석을 활용해 행정 활동의 최적화를 이루어 낸 사례들이기 때문이다. 모두 AI를 '어떻게'에 적용했지, AI가 무엇을 하라고 알려 준 것이 아니다. AI가 의사 결정을 대신 해 준 것도 아니다. 아직 AI가 그 정도 수준에 도달하지는 못했고, AI에 의사 결정을 맡기는 것에 대해 그 누구도 책임질 수 없기 때문이다. AI에 공공 의사 결정을 맡기는 것은 절차에서 민주주의에 위배된다고 볼 수도 있는데, 공무원이나 국회 의원은 선거 또는 선출된 권력의 임명권에 근거해 의사 결정의 권한을 위임받았지만 AI는 그러한 권한이 없기 때문이다.

하지만 위에서 언급한 공공 정책의 다섯 단계 과정을

살펴보면, 공공 정책에도 AI가 개입할 수 있는 여지가 충분히 존재한다. '근거 기반의 의사 결정'이라는 표현은 의사 결정을 최대한 객관적 근거를 따져서 합리적으로 수행하라는 뜻으로, 공공과 민간을 막론하고 중요한 개념이라고 하겠다. AI를 공공 정책에 활용할 수 있는 부분은 바로 이 지점이다. 다섯 단계의 정책 단계 중에서는 의제 형성과 정책 형성 과정에 AI를 적용할 수 있다. AI가 의사 결정 자체를 대신 해 줄 수는 없지만, 현재 어떠한 정책 수요가 사회에 존재하고, 그것을 충족하기 위해 어떤 정책을 만들어야 하는지에 대해서는 AI를 활용할 수 있다는 것이다. 기존에는 언론 등에서 특별히 이슈화되었거나, 외부의 이익 단체 또는 시민 단체의 조직적인 민원이 존재하거나, 또는 현장에서 다수의 민원이 접수되었거나 하는 등의 의제 설정 경로가 몇 가지 존재했다고 한다면, 이제는 보다 선제적으로 데이터를 통해 의제를 발굴하는 것이 가능하다. 또한 의제들에 대한 정책 옵션을 발굴하고 각 옵션의 장단점을 분석하는 정책 형성 단계에도 AI를 적용할 수 있다. 정책 형성 역시 무에서 유를 창조하는 것이 아니라, 국내외 유사한 사례들을 찾아보고 관련한 기존 문헌들에서 제시하는 방안들을 따져 보고 종합하는 활동이기 때문이다. 정말 기존에는 전혀 존재하지 않았던 완전히 새로운 사회 문제가 제기되었고, 그것에 대해 그 누구도 연구한 적이 없는 몹시 특수한 주제가 아닌 다음에야, 기존의 방대한 문헌 자료를 학습한 AI를 활용하지 않을 이유가 없지 않겠는가?

AI로 확장되는 공공 정책의 근거 자료

AI의 활용이 용이해진 현시점에서 공공 부문에서는 공공 정책 수립에 필요한 근거 자료를 다양한 데이터 소스에서 확보할 수 있다. 과거에는 사람이 다양한 자료를 직접 읽어 본다거나, 여러 사람의 의견을 조회해 본 결과를 바탕으로 시사점들을 도출했다면, 지금은 방대한 자료를 AI 모델에 학습시켜 핵심 정보를 자동으로 추출하게끔 한다거나, 굳이 새롭게 의견 수렴을 위한 활동을 벌이지 않고 인터넷 또는 사회 관계망 서비스(SNS), 각종 데이터베이스에 존재하는 자료들을 긁어모아 사회의 이슈가 무엇인지 알아낼 수 있는 세상이 되었다. 이는 민간 부문에서는 마케팅이나 전략 수립을 위해 이미 활발히 적용하고 있는 것들이다.

공공 부문에서도 사회의 강력한 요구가 제기될 때까지 기다리지 않고 AI를 활용한다면 보다 선제적으로 정책을 수립할 수 있을 것이다. 예를 들면, 대량의 신문 기사를 기계 학습(Machine learning) 모델에 학습시킨 후, 어떤 키워드가 가장 많이 등장하는지, 그리고 내가 원하는 키워드나 문장과 관련한 문헌들의 양은 얼마나 되는지, 그 문헌들은 세부적으로 어떻게 분류할 수 있는지 제안하는 기술들을 활용할 수 있다. 그 결과를 바탕으로 현재 어떠한 정책 이슈들이 있는지 파악해 보는 것이다. 유사한 개념으로 감성 분석도 생각해 볼 수 있다. 특정 사회 이슈에 대해서 시민들이 어떤 감정을 가지고 있는지 SNS나 인터넷에 사람들이 남긴 글을 가지고 분석하는 것이다. 또한 신문 기사나 학술 논문과 같은 글을 비슷한 주제끼리 자동으로 분류해 주는 토픽 모델링과 같은 기법도 데이터 분석 방법론의 일환으로 관심을 모았던 적이 있다. 다만 이러한 방법론들은 상당히 오래된 것들로 예시를 든 것이고, 지금은 생성형 AI 모델들이 이러한 기능들을 모두 수행해줄 수 있으니 더욱 활용이 쉬워졌다.

즉, 정책 수립에서 AI의 활용은 주로 데이터의 분석을 위한 것이다. 기술적으로는 공공 행정 또는 공공 서비스를 운영할 때, 보다 효과적인 운영을 위해 도시의 교통 데이터를 분석한다거나, 앞서 언급한 세금 체납지의 패턴을 분석하는 등의 빅 데이터 분석과 유사하다. 다만, 정책 수립 과정에서 관심 있는 데이터는 주로 시민 또는 전문가의 생각과 의견을 담은 글이나 문서에 해당하기 때문에 활용하는 AI 기술은 주로 기계 학습을 이용한 '자연어 처리' 기술에 해당한다. 물론 정부는 다수의 공무원과 공공 기관 직원 등의 인력을 보유하고 있으며 외부 전문가를 활용할 수 있는 자원이 있으므로, 지금도 시민 또는 전문가의 의견을 직접 수렴하고 언론의 지적 사항이나 때로는 전문적인 학술 논문, 보고서 등의 폭넓은 자료를 읽고 정책의 근거 자료를 마련한다. 하지만 국가의 발전에 따라 사회의 변화 속도가 더욱 빨라지고 영역이 넓어짐과 동시에 복잡도도 증가하고 있다. 이것은 기민한 정책 마련에 대한 요구가 높아지고 있다는 의미라고 볼 수 있으며, 정책 수립에서도 정부의 AI 사용에 대한 관심이 높아질 수밖에 없는 상황을 설명한다. 더 이상 몇 사람의 노력으로 수많은 정책 수요에 부응할 수 없다는 말이다.

일반적으로 한 사람이 직접 조사를 수행해 단시간에 얻기 어려운 전문성을 해결하는 방법은 전문가에게 자문을 받거나, 전문 업체에 용역을 의뢰하는 것이다. 분명 해당 분야에 오랜 기간 동안 종사한 전문가의 의견을 수렴하는 것은 중요한 이슈를 파악하고 정보를 소화하는 기준을 마련하는 데 중요한 지침을 제공한다. 또한 특허 분석이라거나 특수한 방법론의 경우 전문 업체의 용역을 활용하는 것은 매우 효율적이다. 그럼에도 불구하고, 특정 전문가의 의견이 과도하게 편향을 주는 것을 방지하고 여러 정보들을 균형감 있게 정책에 활용하기 위해서는 담당자의 깊은 이해가 필수적일 것이다. 이를 돕기 위해 AI가 방대한 양의 문서들을 이해하기 좋게 분석해 주거나, 담당자의 질문에 대답하는 형태로 정보를 제공해 준다면 큰 도움이 될 것이다.

참고문헌

대한민국 정책브리핑. https://www.korea.kr/news/policyNewsList.do

지표누리 e-나라지표. 정부 연구개발예산. 통계청, https://www.index.go.kr/unity/potal/main/EachDtlPageDetail.do?idx_cd=1330

Werner Jann & Kai Wegrich(2007). Theories of the policy cycle. In Frank Fischer & Gerald J. Miller(Ed), *Handbook of public policy analysis*, Routledge.

04
빅 데이터와 공공 정책 수립

근거에 기반한 공공 정책은 공공 정책 수립 전 주기에서 합리성을 높일 수 있는 잠재성을 가지고 있다. AI는 전통적인 정책 수립 근거라고 볼 수 있는 통계나 문헌 자료를 넘어, 방대한 데이터에서 추출한 인사이트를 제공할 수 있다. 특히, 언어로 이루어진 텍스트 데이터를 분석해 인사이트를 분석하는 텍스트 마이닝은 공공 정책에 유용하게 활용할 수 있다. 공공 정책 수립의 단계별로 이러한 기법을 어떻게 활용할 수 있는지 살펴본다.

AI와 사주?

공공 정책의 근거가 중요한 이유

AI를 공공 정책 또는 공공 행정에 접목하려는 시도는 곧 근거 기반의 정책과 행정을 구현하려는 기본 정신에 근거하고 있다. 앞서 서술했듯 정책의 수립 단계 중 의제를 설정하는 단계는 어떤 정책을 수립할 것인지를 좌우하는 가장 첫 단계인데, 어떤 문제의식을 가지고 정책을 수립하는지가 여기에 달려 있기 때문이다. 만일 근거 기반의 정책을 추구하지 않는다면 의제 설정 과정에서 외부에서 제기한 수요들을 걸러 내는 기준은 그것을 담당하는 사람의 취향 또는 의제를 제안하는 집단의 영향력 크기, 또는 그들이 의견을 제기하는 노력의 크기 등에 따라 좌우될 것이다. 정책 의제 설정에 대한 이론을 찾아보면 다원주의 이론, 엘리트주의 이론 등 상당히 정치적인 과정으로 이해됨을 알 수 있다(정지수, 2019). 만일 AI를 통해 이슈와 관련한 객관적인 근거를 확보할 수 있다면, 정책 수요를 조정하는 과정에서 정부가 보다 합리적인 선택을 할 수 있을 것이다. 또한 의제가 설정된 이후에 정책이 형성되는 과정에서도 어떠한 문제 해결 수단을 채택하느냐에 객관적 근거를 확보할 수 있다면 이는 한쪽으로 치우치지 않는 해결 방안들을 구성할 수 있을 것이다. 이러한 접근은 의사 결정 과정에서도 개인적 이해

관계나 의사 결정자 개인의 선호를 최대한 배제하는 데에도 중요하다.

객관적 근거는 통상적으로 편향이 적은 데이터 또는 그러한 데이터에서 얻은 명제라고 할 수 있을 것이다. 객관적인 근거를 기반으로 정책을 수립하겠다는 것은, 즉 정책을 과학적으로 수립하겠다는 의미인데, 과학의 방법론은 현실의 데이터 또는 통제된 상황에서의 실험에서 얻은 데이터를 수집해 분석하고 그것에서 상관관계 또는 가설의 진위 여부를 도출하는 것이다. 그러한 방법론을 사회 현상에 적용해 데이터를 바탕으로 사회 이슈를 진단하고, 어떠한 대책이 필요한지 여부를 판단한 후, 적절한 대책을 모색하겠다는 것이다.

데이터를 기반으로 한 정책 수립이 중요한 이유는 정책의 올바른 평가를 위해서도 데이터를 기반으로 해야 하기 때문이다(윤건, 2018). 앞서 정책 사이클의 마지막 단계인 정책 평가 단계는 정책의 수정 사항을 파악하고 새로운 의제를 발굴하는 중요한 단계라고 했는데, 정책이 문제 해결에 얼마나 도움이 되었는지에 대해 측정이 가능해야 한다. 만일 데이터와 같은 근거에 기반하지 않은 정책이라면 해당 정책이 시행된 이후에 무엇이 변화했는지 명확히 측정할 수 없고, 따라서 정책의 평가도 매우 주관적일 수밖에 없다. 그런 경우 긍정적인 평가가 존재하더라도 그 효과가 해당 정책에 의한 것인지 알기 어렵게 된다. 부정적인 평가의 경우에도 무엇을 수정해야 할지 알기 어렵다. 따라서 정책의 전 주기를 고려할 때 근거에 기반하는 것은 여러모로 많은 용이성을 준다.

공공 정책의 대표적인 근거 자료는 통계 자료와 문헌 자료다. 통계자료는 사회 현상을 측정할 수 있는 가장 기본적인 자료로서, 그것만으로도 많은 것을 설명하고 훌륭한 근거 자료가 될 수 있다. 다만, 인구, 소득, 물가와 같은 통계 자료는 여러 가지 요인이 복합된 결과치로서 통계치만 보고 문제의 원인을 알기는 어려운 경우가 많다. 문헌 자료의 경우 보다 깊은 내용을 제공할 수 있는데, 단순히 데이터만을 제공하는 것이 아니라 데이터를 분석하고 해석해 어떠한 명제, 상관관계, 또는 시사점을 제시하기 때문이다. 특히, 문헌 자료 중 학술 논문의 경우 출판 이전에 동료 평가(peer review) 과정을 거치기 때문에 그 내용 및 논리 전개의 엄밀성이 검증되어 있다. 또한 다른 학술지에서 따온 내용은 반드시 인용 표시를 하고 인용 관계가 데이터베이스에 기록되어 있기 때문에 해당 논문이 얼마나 많이 인용되었는지를 통해 그 논문이 얼마나 신뢰할 만한, 중요한 내용을 담고 있는지 참고할 수 있다. 문헌 자료에는 언론 기사도 포함된다. 학술 연구에는 보통 동료 평가를 거치지 않은 언론 기사는 참고 문헌에서 제외하는 경우가 많지만, 사회적으로 관심도가 높은 이슈가 정책적으로 우선순위가 높다고 볼 수 있으므로 해당 언론 기사가 단순한 주장이 아닌 어느 정도의 근거를 바탕으로 하고 있다면 정책의 근거 자료로는 활용이 가능하다. 때로는 언론 기사가 복잡한 통계 자료나 문헌 자료를 이해하기 쉽게 해석해 대중의 이해도를 높이는 경우도 있으므로, 정책 담당자 입장에서 언론 기사 역시 활용도가 높다고 하겠다.

따라서 통계 자료와 문헌 자료를 적절히 인용해 정책의 근거 자료로 활용하는 것은 중요하다. 설령 정책 수립의 시발점이 특정 단체의 청원에서 시작되었다고 하더라도, 그 청원의 내용이 적절한지 근거를 기반으로 판단하는 과정에서 과학적인 정책으로 발전할 수도 있는 것이다. 또한 근거를 기반으로 정책 아이디어를 구체화하는 과정에서 문제를 보다 명확히 정의하고 그 범위를 현실적으로 측정 가능한 범위로 적절히 설정하게 될 수도 있다.

전통적 AI 방법론: 텍스트 마이닝

정책 수립의 근거 마련을 위한 대표적인 문서 분석 기법은 텍스트 마이닝이다. 지금 기준으로 보았을 때 이 장에서 예로 드는 텍스트 마이닝 기법들은 원시적인 AI라고 볼 수 있다. 기본 개념은 공공 정책 수립 근거의 범위를 정제되어 있는 통계 자료나 문헌 자료에서 보다 확장하고, IT 기술을 이용해 대량의 텍스트에서 정보를 뽑아내는 것이다. 텍스트는 본래 사람이 읽고 이해할 수 있는 언어로 작성된 데이터를 말하는데, 사람의 언어(자연어)는 컴퓨터가 이해할 수 없는 비정형 데이터로 분류된다. 비정형 데이터라는 의미는, 양식에 맞게 작성되어 있어 데이터의 각 부분이 어떠한 역할이나 의미를 가지는지 명시되어 있는 것이 아니라 줄글로 작성되어 사람의 언어를 모르는 컴퓨터는 이해할 수 없는 단순 '문자열'이라는 의미다. 따라서 텍스트를 컴퓨터가 처리해 글의 내용, 주제, 키워드와 같은 질적인 정보를 제공할 수 있도록 하는 기법이 텍스트 마이닝에 해당한다고 볼 수 있다(IBM). 텍스트 마이닝이라는 용어는 무언가를 캐낸다는 뜻의 마이닝이라는 단어를 사용하고 있는데, 이는 텍스트 마이닝이 텍스트에서 정보를 캐내는 기술이라는 뜻이라고 직관적으로 이해할 수 있겠다.

텍스트 마이닝은 상술한 바와 같이 텍스트 데이터를 분석하고 처리하는 기술이라고 폭넓게 정의된다(유거송 외, 2019). 텍스트 마이닝은 텍스트 데이터의 형태에 따라 구체적인 방법론이 매우 다양해지고 발전 정도가 다르므로 구체적으로 어떠한 기술에 해당한다고 정의하기는 어렵다고 알려져 있다. 다량의 텍스트 데이터 속에서 정보를 검색하거나, 여러 문서를 서로 유사한 문서들끼리 그룹화하거나, 사용자가 입력한 분류 체계에 따라 문서를 자동으로 분석하는 등의 활용 분야가 있으며, 정보 또는 개념을 추출해 내는 기술도 존재한다. 현재의 최신 생성형 AI는 이러한 모든 기능들을 하나의 인터페이스에서 사용자의 지시에 따라 수행할 수 있을 정도로 발전했으나, 과거에는 목적에 따라 필요한 기능을 따로 구현해야 했다. 이러한 기능들에 이용되는 구체적인 기법들에는 감성 분석, 토픽 모델링, 단어의 등장 빈도에 기반한 통계 처리, 그리고 단어를 공간적인 숫자 정보로 치환하는 워드 임베딩 등이 있다.

텍스트 마이닝의 공공 정책 활용

이 장에서는 유거송 외(2019)의 내용을 인용해, 전통적인 텍스트 마이닝 기법들을 공공 정책 수립에 어떻게 활용할 수 있는지 소개하겠다. 정책 사이클 중 첫 번째 단계인 의제 설정과 관련해서는, 사회적으로 특정 이슈에 대한 인식이나 이슈의 변화를 관찰하고 측정해 내기 위해 텍스트 마이닝을 적용할 수 있다. 일례로, 토픽 모델링(Topic Modelling)이라는 방법론은 주어진 문서들을 비슷한 문서들끼리 묶어서 분류하고, 각 문서 그룹들의 주제가 무엇인지 알 수 있도록 중요한 키워드를 제시한다. 그리고 각 그룹의 상호 유사성을 상대적으로 알 수 있도록 그룹 간의 거리를 계산할 수 있다. 이를테면 어떠한 사회 이슈에 관련한 신문 기사라거나 SNS 게시글 수천 건을 토픽 모델링으로 분류해 A, B, C, D, E 다섯 개의 그룹으로 나눴다고 하자. 토픽 모델링의 매개 변수를 적절히 사용해 성공적인 분석이 이루어졌다고 가정하면, 각 그룹은 해당 사회 이슈에 대한 세부적인 담론 또는 찬반 의견에 해당할 것이다. 각 그룹의 내용을 토픽 모델링 알고리즘이 제시하는 핵심 키워드 및 해당 그룹의 문서 샘플 몇 개를 가지고 파악할 수 있다. 그렇게 알게 된 각 그룹에 해당하는 문서 몇 개가 있고, 각 그룹 간의 거리가 어떻게 되는지를 토대로, 해당 사회 이슈에 대한 여론이 어떻게 구성되어 있는지를 이해할 수 있다. 그러한 이해를 바탕으로 해당 이슈의 이해 당사자와 소통하고 의견을 수렴할 경우, 그런 이해가 없는 상태보다 더 명확하고 적절한 방향으로 의제를 설정할 수 있을 것이다.

또 다른 예시로는, 특정 기간 동안 발생한 문서에 포함된 단어들 중에서 가장 중요한 단어들을 나열해 중요한 이슈 또는 개념이 무엇이었는지 추출하고 그것을 중심으로 의제를 탐색할 수 있다. 가장 중요한 단어를 찾는 통계적 방법으로 TF-IDF(Term Frequency-Inverse Document Frequency)라는 방법이 있다. 분석 대상이 되는 문서들 중에서 어떤 단어의 절대적인 등장 횟수가 많다면 그 단어는 중요한 단어일 가능성이 높다. 하지만 해당 단어가 대부분의 문서에서 공통적으로 등장한다면, 그 단어는 영어의 경우 be 동사(is, are 등)나 전치사(of, in, at 등)와 같이 단순히 문장을 구성하기 위한 필수 요소라서 큰 의미가 없다는 뜻이 된다. 따라서 어떤 단어의 TF-IDF를 계산하는 수식은 단어의 절대적 등장 빈도(Term Frequency)와 비례하고 해당 단어를 포함하는 문서의 빈도(Document Frequency)와 반비례하도록 정의되어 있다. 분석 대상 문서들에 포함된 단어들에 대해 TF-IDF를 모두 계산하고, 가장 점수가 높은 상위 단어들을 선별하면 그것들은 가장 중요한 개념 또는 가장 중요한 화두에 해당한다고 볼 수 있겠다. 워드 클라우

드(Word Cloud)라는 그림을 본 적 있는가? 그것은 대상 문서에 포함된 단어의 중요도에 비례하도록 글씨의 크기를 설정하고, 중요도가 높은 단어를 구름 또는 특정 모양이 되도록 구성한 그림이다. 매우 오래된 방법론이지만, 어떤 단어들이 중요한지 한눈에 파악할 수 있도록 표현이 가능하다는 점에서 지금도 유용성이 존재한다고 본다.

두 번째 단계인 정책 형성 단계에서도 유사한 접근이 가능하다. 주어진 정책 의제에 대해 어떠한 해결책이 존재하는지 관련 학술 논문이나 신문 기사, 보고서 등을 대상으로 토픽 모델링과 같은 문서 분류 알고리즘 또는 TF-IDF와 같은 주요 키워드 선별 방법론을 적용할 수 있다. 이를 통해 의제에서 제시하는 문제의 해결 방안으로 거론되는 것들이 무엇인지 대략 파악할 수 있으며, 이러한 지식을 바탕으로 문헌 조사를 보다 효율적으로 수행할 수 있다. 다만, 정책 형성 단계에서는 구체적인 해결 방안 마련과 근거 자료 원본의 확보가 요구되므로 텍스트 마이닝에서 추출한 정보만으로 직접적인 정책을 도출하는 것은 어려울 것이다.

정책의 사후 평가 단계에서도 유사하게 텍스트 마이닝 기법을 응용할 수 있다. 앞서 정책의 평가를 위해서는 명확한 측정이 가능한 통계를 활용하는 것이 바람직하다고 언급했으나, 통계의 활용이 불가능하거나 추가적인 보완 근거 자료가 필요한 경우 실행한 정책과 관련한 인터넷상의 텍스트에 대해 감성 분석을 시행해 시민들이 긍정적인 평가를 내리고 있는지 부정적인 인식을 가지고 있는지 분석할 수 있다. 또한 정책의 시행 전과 시행 후에 수집된 신문 기사와 같은 여론 텍스트 자료를 대상으로 토픽 모델링을 시행해 어떠한 주제들이 나타나는지 비교하면 해당 정책을 통해 어떠한 변화가 일어났고 무슨 의견이 발생했는지 드러날 수도 있다. 주요 키워드가 어떻게 변화했는지 정책 시행 전후를 비교하는 것도 의미 있는 시사점을 제시할 수 있다.

텍스트 마이닝은 이와 같이 공공 정책 수립 및 시행의 전 주기에 적용할 수 있다. 근거 기반 정책 수립의 중요성을 감안하면 통계 자료만으로 측정할 수 없는 시민들의 생각을 분석하고, 구체적인 문헌 조사 또는 전문가·이해관계자의 의견 수렴 및 인터뷰에 돌입하기 전에 배경지식을 확보하는 목적으로 텍스트 마이닝을 유용하게 활용할 수 있겠다.

참고문헌

IBM. 텍스트 마이닝이란 무엇인가요?. https://www.ibm.com/kr-ko/topics/text-mining

유거송 외(2019), 『바이오 · 의료분야 지능형 연구개발정보데이터 분석시스템의 예산배분 · 조정 활용기법 연구』. 한국과학기술기획평가원.

윤건(2018). 증거를 통하여 정책을 세워라. ≪통계의 창≫, 2018 겨울호.

정지수(2019), 정책의제설정에서의 정부의 역할: 산업보호와 집단주의가 미치는 영향, ≪정부학연구≫, 25(3), 179-218쪽.

05
공공 정책과 AI의 부조화

공공 행정과 공공 서비스에서 가시적인 변화가 일어나고 있는 반면, 공공 정책의 수립 단계에서 AI를 활용한 사례는 사실 찾기 어렵다. 왜냐하면 공공 정책에서는 의사 결정이 큰 부분을 차지하며, 이해관계 충돌 또는 갈등을 해결하는 성격을 가지기 때문이다. 본 장에서는 공공 정책 수립 과정이 실제로 어떠한지 살펴보고, AI를 공공 정책 수립 과정에 활용하기 어려운 이유들을 단계별로 짚어 본다.

AI와 아이돌?

가능성에 비해 찾기 어려운 성공 사례

이 책에서 소개한 사례들에 따르면 AI의 공공 서비스 적용은 전 세계적인 흐름이다. 반면, 공공 정책의 수립 과정에 AI가 성공적으로 활용되었다고 홍보하는 사례는 찾기 어렵다. 해외의 사례를 찾아보더라도, AI는 공정성, 정의, 형평성 등의 '인간적'인 요소를 고려할 수 없다는 한계를 지적하는 문헌이 검색된다(Wirjo, et al., 2022). 해당 문헌에서는 경제 정책 수립을 위해 AI를 빅 데이터 분석에 활발히 활용하고 있다는 언급도 하고 있다. AI를 활용할 수 있는 부분으로는 데이터 분석을 통한 의제의 발굴, 정책 수단의 결과를 예측하기 위한 시뮬레이션, 정책 평가를 위한 통계 자료 해석 정도가 제시되었다. 즉, AI는 이 책에서 상술했듯 의사 결정 과정보다는 근거 자료의 생성에 제한되고 있다는 것이다.

그렇다는 것은 정책 수립의 실제 과정들이 매우 '인간적'이라는 의미라고 볼 수 있다. 자동화는 프로세스의 각 단계에서 벌어지는 일들을 명확히 정의하고 분해할 수 있을 때 가능하다. 또한 입력에서 산출물을 일관성 있게 예측할 수 있는 경우 자동화가 가능하다. 그렇지 않은 경우는 어떠한 규칙보다는 상황에 따른 융통성이 많이 개입한다는 뜻이며, AI와 같은 자동화 도구를 적용하기 어렵다고 볼 수 있다. 정책 수립 과정은 많은 사람들이 개입하게 되며 '옳은' 방향만을 추구하기보다 때로는 이해관계 충돌의 해결과 같은 성격을 가지게 된다. 또한 이해관계자들의 메시지가 일관적이지 않거나 상황에 따라 달라지기도 하므로 의사 결정에서 AI의 활용은 더욱 어려워진다.

정책 수립의 실제 과정

공공 정책 수립의 실제 과정은 세부적인 정책 분야나 소관 부처에 따라 다르겠으나, 본 장에서는 과학 기술 정책 분야에서 저자가 관찰한 것을 토대로 소개하도록 하겠다. 공공 정책의 실제 수립 과정은 단순하면서도 복잡하다. 우선 의제 설정은 사전에 그 틀이 미리 만들어져 있는 경우가 많은데, 그 이유는 대부분의 정책은 국정 과제라거나 '과학 기술 기본 계획'과 같은 최상위 국가 계획에 의거하고 있기 때문이다. 최상위 국가 계획에서는 각 분야별로 큰 방향성에 대해서 제시하고 있으며, 각 부처의 중장기 계획과 같은 정책 수립 시에는 상위 계획과 부합해야 한다. 상위 계획과 부합하는 한도 내에서 관련 정책, 이전에 발표된 정책을 참고해 의제를 발굴하는 작업이 이루어진다.

최상위 국가 계획과 같이 매우 범위가 넓은 정책은 매우 많은 사람과 전문가가 관여한다. 특히 분과별로 대학 교수, 민간 기업 또는 정부 출연 연구소의 고위급 전문가가 참여하는 위원회를 구성해 아이디어를 발굴하고 정책 기관의 담당자가 이를 정리해 작성한 초안 및 중간 버전에 대한 검토를 수행하도록 하는 것이 보통이다. 계획의 규모가 큰 경우 대국민 공청회도 시행해 관련 전문가뿐만 아니라 일반 시민도 의견을 제기할 수 있는 절차를 가지고 있다. 규모가 작은 정책의 경우에는 공청회는 이루어지지 않지만 전문가 위원회를 역시 구성해 정책 문서 작성 과정에서 검토 의견 또는 아이디어를 수집한다.

정책의 규모를 막론하고 구체적인 수립 과정을 명확히 정의하기 어려운 부분은 정책 담당자의 초안 작성 및 의견 수렴 결과 반영 작업이다. 정책의 범위가 넓을 경우에는 해당 정책을 최초로 작성하는 것이 아닌 이상 이전 정책의 연장 선상에서 수립하는 것이므로 새로운 의제의 비중은 크지 않다. 이전 정책의 평가를 수행한 결과를 바탕으로 후속 조치가 필요한 내용을 기존의 의제에 추가하고, 세부 분야별로 시급한 대응이 필요한 의제가 언론 등을 통해 제기된 바 있으면 추가 여부를 검토하게 된다. 동시에 이미 목표를 달성했거나 사회적인 수요가 변경되어 정책에 포함될 필요가 없는 내용은 축소하거나 삭제한다. 반면에 상대적으로 세부적인 정책은 특정한 문제의식에서 출발하는 경우가 있다. 이 문제의식은 언론 등에서 지적한 사항일 수도 있고 부처 자체의 의견일 수도 있다. 초안 작성자는 이러한 점들을 고려해 정책 문서의 서론에 해당하는 '현황 및 문제점' 부문을 작성한다. 그다음으로는 문제점을 해결할 수 있는 대응 방안들의 옵션을 전문가 자문 또는 기존 문헌 조사를 통해 작성하고, 어떠한 방안을 선택할 것인지에 대해 대내외적으로 검토를 거치게 된다. 그 결과로 도전성과 실현 가능성 사이의 균형을 최대한 맞추려 노력한 정책 문서를 발표하게 된다.

빅 데이터를 활용한 정책 수립의 한계

빅 데이터 분석을 통해 공공 서비스의 효과와 효율을 높일 수 있다는 것은 검증된 사실이지만, 정책 수립을 위한 근거 자료 확보의 용도로는 한계점이 존재한다. 이것은 빅 데이터 분석이 최신의 데이터를 즉시 반영하기 어렵고, 여전히 분석자의 주관 및 전문성을 요구하기 때문이다.

일상적으로 활용하는 인터넷 검색의 경우 수많은 인

터넷 문서를 주기적으로 색인(인덱싱)하는 기술에 기반해 매우 빠른 시간 안에 결과를 제공한다. 색인했다는 뜻은, 이미 데이터를 분석해 그 결과를 제공하기 효율적인 형태로 가공했다는 것이다. 반면에 빅 데이터 분석은 분석자가 원하는 목적에 적합한 데이터를 대량으로 구축하고, 그것에 대한 분석을 그 자리에서 수행하는 절차를 진행해야 한다. 시의성과 신뢰성을 갖추고 있는 빅 데이터 자체를 구축하는 것이 간단하지 않은 일이며, 빅 데이터 분석에도 상당한 연산 자원 및 전문 인력이 투입되어야 하므로 최신성을 유지하기 위해 다양한 업무에 대해서 여러 가지 빅 데이터를 구축하고 지속적으로 업데이트하고 상시적으로 분석을 수행하는 것은 현실적이지 않다. 상용화한 생성형 AI인 챗지피티만 하더라도, 특정 시점 이전의 데이터만 학습되어 있어 어제 오늘 일어난 사건에 대해서는 물어볼 수 없다.

또한 빅 데이터 분석은 일반적으로 분석자(이용자)의 목적과 의도가 명확해야 하며 분석자의 해석을 필요로 하므로 분석 결과 자체가 공신력을 가지기 어렵다. 예를 들어, 세금 체납자의 데이터를 분석하거나 소방차의 이동 데이터를 분석할 때, 분석 목적이 무엇이냐는 매우 중요하다. 세금 체납자 예시에서는 체납자의 유형을 분류하고 징수 활동에 따른 효과를 측정하는 것이 분석의 목적이었고, 긴급 차량 이동 데이터 분석은 교통 체증이 일어나는 곳이 어디이며, 도착 지연이 일어나는 곳이 어디인지 등을 파악하는 것이 분석의 목적이었다. 이러한 목적을 수립한 후에 그 목적을 달성하기 위해서는 어떠한 데이터를 끌어와 통합하고 어떠한 분석 방법론을 적용할 것인지 설계가 가능하다. 그리고 방대한 데이터를 분석한다는 것은 그 데이터에 예외적인 값(outlier)이 많이 섞여 있고, 잘못 입력한 불순물에 해당하는 데이터 역시 많다는 것을 의미한다. 초기 단계에서 데이터를 정제하더라도 기본적으로 빅 데이터 분석의 결과는 쉽게 말하면 지저분하다. 또한 숫자나 유형화한 데이터가 아닌 문장과 같은 비정형 데이터의 경우 데이터가 비정형인 만큼 분석 결과도 직관적으로 이해하기 어려운 형태인 경우가 많다. 따라서 분석자가 본인의 의도에 맞게 적절하게 해석하는 과정이 매우 중요하다. 이러한 분석 결과를 많은 사람이 주목하는 공공 정책 수립에 인용하기에는 부담이 많이 작용하는 것이 현실이다.

AI와 공공 정책 수립의 부조화

요약하자면 빅 데이터에서 추출한 근거에 기반한 공공

정책 수립은 많은 가능성을 가지고 있으나, 현재의 공공 정책 수립 과정에 적용하기에는 아직 한계점이 많다. 근거에 기반한 공공 정책 수립 과정을 단순화하면 '팩트 수집 → 문제점 파악 → 대응 방안 도출'이라고 볼 수 있는데, 이른바 빅 데이터 기반 AI를 팩트 수집에만 활용하자니 매우 품이 많이 들고 그 결과를 해석하는 데 어려움이 있는 경우도 많다. 그러므로 기존 방식의 통계 자료 또는 공신력 있는 문헌 자료에 비해 정책 담당자가 선불리 활용하기 어려운 것이다. 문제점 파악이나 대응 방안 도출도 논리적인 과정이니 AI를 사용하면 될 것 같지만, 정책 형성 과정의 매우 중요한 요소인 절차적인 적절성을 확보하기가 어렵고 AI가 내놓은 결과를 믿을 수 있는지도 논란이 존재할 수밖에 없다. 따라서 공공 부문이 AI 활용을 적극 지향하고 있으나 정책 수립, 의사 결정 과정에 AI를 적용하는 것에는 어려움을 많이 느끼는 것이다.

최신 생성형 AI는 매우 똑똑하니 이러한 어려움이 해결된 것이 아니냐고 질문할 수 있다. 저자도 앞 장에서 AI를 이용하면 근거 기반 공공 정책 수립이 강화될 수 있다고 주장했지만, 공공 정책이 이해관계 및 갈등 조정이라는 성격도 가지고 있음을 고려하면 현실적인 한계가 명확하다. 정책 수립의 목적이 사회에서 제기되는 문제를 해결하기 위함이라고 생각한다면, 단순 논리로 명쾌하게 해결할 수 있는 사회 문제는 이제 거의 다 해결되어 찾기 어렵고 대부분의 문제는 균형 관계(trade-off)를 풀어내야 한다. 생성형 AI는 사람들 또는 AI가 생산해 낸 문서들을 기계적으로 학습한 언어 모델에 지나지 않고 그 자체로는 어떠한 원칙도 가지고 있지 않으므로 이해관계의 충돌을 현명하게 해결하거나 정의로운 결정을 내릴 능력 같은 것은 없다. 단적인 예로, 생성형 AI들의 정치적 성향들이 다르다고 한다(Vynck, 2023). 무엇을 학습했느냐에 따라 같은 사안에 대해서 다른 판단을 내린다는 뜻이다. 완전히 객관적일 것만 같은 AI도 개인의 주관에 해당하는 정치적 성향이나 편향이라는 것이 존재한다. 그러면 의사 결정에서 AI를 사람보다 더 신뢰할 이유가 무엇일까?

참고문헌

Andre Wirjo, et al.(2022). Artificial intelligence in economic policymaking. *APEC Policy Brief*, 52

Gerrit De Vynck(2023.8.16). ChatGPT leans liberal, research shows. *Washington Post.*

06
생성형 AI의 등장과 데이터 보안

챗지피티로 대표되는 생성형 AI는 쉬운 사용법으로 인해 공공 정책 수립 분야에서 큰 잠재력을 지니고 있다. 답변을 생성할 때 참고 문헌을 명시하는 AI도 출시되어 활용 가능성은 더욱 높아졌다. 하지만 이러한 공개된 AI 서비스를 정부에서 사용하는 데는 보안 이슈가 제기될 수밖에 없다. AI를 활용하고는 싶지만 보안 이슈로 인해 활용하기 어렵고, 그렇다고 챗지피티 수준의 언어 모델을 구축할 수도 없는 정책 현장의 딜레마를 짚어 본다.

AI와 야구?

생성형 AI의 놀라운 가능성

앞서 말한 어려움에도 불구하고, 챗지피티로 대표되는 생성형 AI는 AI의 공공 정책 분야 활용에 매우 큰 가능성을 지니고 있다. 텍스트 마이닝과 같은 전통적인 기계 학습 기법의 경우 이론적으로는 다량의 문서를 효과적으로 분석해 유용한 정보를 제공할 수 있으나, 실제로 활용하기 위해서는 데이터를 수집해 데이터 세트를 구축하고, 올바른 분석이 가능하도록 정제하는 과정을 사용자가 수행해야 한다. 그리고 토픽 모델링과 같은 여러 알고리즘 코드가 오픈 소스로 배포되어 있지만, 사용자가 원하는 결과를 얻어 내기 위해서는 분석 모델에 대한 수학적 이해하에 매개 변수(파라미터)를 적절히 조절해야만 하는 어려움이 존재한다. 분석 모델에 대한 깊은 이해가 없이는 해당 매개 변수를 적절하게 조절하기가 어려우며, 따라서 분석 결과를 해석하기 어려운 경우도 발생할 수 있다.

이러한 기술적인 어려움을 생성형 AI는 상당 부분 해결해 준다. 왜냐하면 이러한 서비스들은 수많은 데이터를 미리 학습해 두었으므로 정책 담당자가 궁금한 사항에 대해 이미 답변할 수 있는 상태이기 때문이다. 복잡한 데이터 구축과 매개 변수 조정 과정 없이 챗지피티에게 "현재

서울 시내 교통안전과 관련해서 시민들이 가장 불편을 느끼는 요소가 뭐야?"라고 물어보면 보행자 안전, 불법 주정차, 자전거 도로와 인도의 혼용, 교차로 혼잡, 대중교통 혼잡, 교통 약자(어린이, 노인) 교통사고 위험과 같은 중요한 이슈들을 식별해 답변해 준다(ChatGPT). 생성형 AI는 대화 형식으로 추가 질문을 할 수 있으므로 더욱 세부적인 이슈의 발굴도 가능하다. 최근에는 리포트 작성에 특화한 생성형 AI 모델도 출시되었다. 챗지피티에게 위의 질문에 이어 "자전거 도로와 보행로의 혼용에 대해 좀 더 자세하게 말해 봐"라고 지시하면, 자전거 도로와 보행로가 섞여 있는 구간의 존재, 자전거 도로와 보행로의 경계가 불분명함, 자전거의 보행로 침범, 자전거 도로의 설계 부족, 주차된 차량 문제와 같은 세부적인 경우에 대해 답변해 준다. 생성형 AI는 기존 텍스트 마이닝에서 얻어낼 수 있는 수준의 기본 개념 또는 배경지식을 훨씬 단시간에 간편하게 얻어 낼 수 있게 해 준다는 엄청난 장점이 있다.

이 책을 쓰고 있는 시점에도 AI는 워낙 빠르게 발전하고 있어, 현재는 구글의 노트북LM(NotebookLM)과 같은 서비스를 이용하면 내가 지정한 참고 문헌을 학습해 AI가 그 어떤 질문에도 답을 해 줄 수 있다. 예를 들면,

고령화 이슈와 관련한 여러 가지 논문이나 신문 기사를 업로드한 후, "내가 올린 문헌들에서 국민연금 관련 정책 제안은 어떤 것들이 있어?"라고 물어보면 AI가 그것에 대한 답변을 참고 문헌을 표기해 제공한다. 단, 아직 노트북LM은 베타 버전으로 정식 서비스가 이루어지고 있는 것은 아니며, 영어로만 서비스가 이루어지고 있어 한국인이 사용하기에는 다소 제한이 있다.

생성형 AI의 데이터 보안 이슈

생성형 AI의 데이터 보안에 대해서 논하려면 그것이 동작하는 구조에 대한 개략적인 설명이 필요하다. 생성형 AI를 포함한 대부분의 AI 기술은 대량의 데이터를 학습한 언어 모델이 근간이 된다. 최근의 언어 모델은 인공 신경망 기술을 활용하고 있으며, 챗지피티와 같은 최신 생성형 AI는 트랜스포머(transformer)라는 인공 신경망 기법을 이용한다. 인공 신경망은 간단히 말하면 숫자들로 이루어진 거대한 행렬이고, 사용자가 어떤 질문 또는 명령을 텍스트로 입력하면, 언어 모델은 그 텍스트 역시 숫자로 된 수열로 전환해 거대한 행렬과 연산을 수행한다. 그 결괏값을 다시 텍스트로 전환하면 사용자가 이해할 수 있는 글로 된 대답이 생성되는 것이다. 따라서 이 기술의 핵심은 인공 신경망의 거대한 행렬을 구축하는 것인데, 그것은 대량의 데이터를 학습해서 이루어진다. 그래서 이러한 언어 모델을 LLM(Large Language Model, 대형 언어 모델)이라고 부른다. AI 기업들마다 언어 모델의 설계가 조금씩 다르겠지만, 가장 큰 경쟁 요소 중 하나는 되도록 많은 양의 유의미한 데이터를 학습하는 것이다. 어떤 데이터를 얼마나 많이 학습했는지는 각 기업의 영업 비밀에 해당해 구체적으로 공개하고 있지 않지만, 중요한 점은 생성형 AI가 동작하기 위해서는 사람이 책을 읽고 공부하듯 많은 양의 자료를 언어 모델에게 읽혀야 한다는 것이다.

따라서 생성형 AI가 세상의 모든 지식을 알고 있는 것이 아니기 때문에, 우리가 이를 정책 수립, 특히 의사 결정에 활용하기 위해서는 관련 자료를 학습시켜야 한다. 만일 챗지피티를 정책 수립에 활용한다고 가정하면, 챗지피티가 정확한 답변을 할지 여부를 따지기 전에 이미 데이터 보안에 대한 이슈가 제기된다. 챗지피티가 많은 양의 데이터를 학습했겠지만 한국어 자료에 대해서는 부족할 수도 있으므로 의사 결정의 근거 자료를 업로드해야 한다. 챗지피티는 적은 양의 자료의 경우 각 사용자가 자체적으로 추가 학습시킬 수 있는데 이 기능을 이용하는 것이다. 하지만 정부 부처의 대외비 자료가 의사 결정에 필요한 경우에는 어떻게 할까? 대외비 자료를 사기업의 플랫폼에 업로드한다는 것은 당연히 불가한 사항이다. 대외비 자료를 업로드하지 않더라도, 사용자가 챗지피티에 지시한 내용과 물었던 질문들, 챗지피티가 그것에 답한 내용 등의 중간 자료는 챗지피티의 성능 개선을 위한 추가 학습 데이터로 이용된다. 국가의 미래를 좌우할 수도 있는 중요한 의사 결정 과정이 해외 기업에 고스란히 전송되는 것을 허용해도 될까? 정책 수립 과정에 챗지피티를 사용한다는 것 자체도 사실 비밀로 해야 하는 것 아닐까? 이미 2023년에 국내 민간 기업 직원이 챗지피티에 내부 기밀 자료를 유출해 이슈가 되었던 사례가 있다(정두용, 2023). 이는 생성형 AI의 유용성에도 불구하고 정책 수립에 적용하는 데는 주저할 수밖에 없음을 시사한다.

자체 개발로도 보장하기 어려운 보안 이슈

이러한 보안 이슈는 외부의 AI 서비스를 이용하지 않고 정부가 직접 생성형 AI를 구축하더라도 자유로울 수 없다. 정부가 직접 언어 모델을 구축할 경우 데이터가 정부 밖으로 전송되는 것은 아니므로 데이터 유출에 대해 일차적으로는 방지할 수 있으나, 이러한 경우 정부가 외부의 악의적 공격에서 데이터를 보호해야 하고, 생성형 AI는 서버 자체를 해킹하지 않더라도 언어 모델 자체나 인터페이스의 허점을 이용해 학습 데이터를 추출해 내는 것이 가능한 것으로 알려져 있어 이에 대한 대응책을 마련해야 한다. 국가정보원(2023)은 이러한 위험을 지적했는데, 해당 문헌에서 제기한 대표적 위험으로는 ① 언어 모델이 가공되지 않은 학습 데이터 문자열을 그대로 출력할 가능성, ② 기밀 정보가 비기밀 정보와 합쳐져 출력되면서 기밀 정보의 내용을 유추할 수 있게 될 가능성, ③ 다른 사용자의 이용 내역이 오류로 인해 다른 사용자에게 노출될 가능성 등이 있다.

이러한 보안 이슈는 앞서 언급했듯이 정부가 공공 정책 수립을 위해서 생성형 AI를 직접 구축하는 것도 쉽지 않은 이유다. 언어 모델을 구축하고 사용자가 만족할 만한 수준의 성능과 속도를 구현하기 위한 고가의 하드웨어를 대량으로 구축해야 하는 것 자체가 이미 대규모의 자본을 투입해야 하는 도전인데, 이에 대한 보안까지 관리하는 것은 매우 큰 부담이다. LG와 같은 대기업에서 LLM을 개발해 공개했고(최광민, 2024), 세계적인 경쟁력을 갖춘 생성형 AI 스타트업이 존재하지만(최태범,

2024), 정부가 공공 정책에 수반하는 의사 결정에 직접 적용할 만한 신뢰성 있는 시스템을 장기간 믿고 맡길 만한 기업이 있는지에 대해서도 깊은 고민이 필요할 것이다.

또한 생성형 AI를 국가적으로 구축하고자 한다면 어느 정도의 성능과 데이터가 필요한지에 대해서도 사실 알려져 있지 않고, 해 봐야 알 수 있는 영역에 해당할 것이다. 무엇보다도 이미 공공 정책 수립을 위한 중앙 부처 공무원과 산하 기관 조직을 구축해서 수십 년간 운영해왔는데, 이 시스템에 대한 거대한 전환을 추진하는 것 자체가 막대한 도전이라고 하겠다. 이는 단순한 디지털 전환 그 이상이기 때문이다. 저자가 속한 기관에서는 내부 업무에 활용하기 위한 생성형 AI를 개발해 실험이 진행 중인데(원호섭, 2024), 저자는 연간 반복되는 일정에 맞추어 바쁘게 돌아가는 업무에 추가해 아직 불완전한 성능의 AI를 테스트해 보고 적용을 시도하는 것 자체가 쉽지 않은 일이라고 느꼈다. 보안 측면에서 해당 AI는 기관 내부망에서만 접속이 가능해 데이터 유출을 원천적으로 차단하도록 설계되어 있다. 하지만 모든 기관 또는 정부 부처별로 별도의 생성형 AI를 구축하는 것이 과연 비용 대비 효율 측면에서 가능할지는 미지수다. 범정부적으로 활용할 수 있는 하나의 대규모 생성형 AI를 구축할 경우에는, 부처 간에 상호 공개할 수 없는 자료들이 분명히 존재하기 때문에 보안을 어떻게 유지할 것인지에 대해서 도전이 제기될 것이다. 그러한 보장이 없다면 어쩌면 학습을 위한 데이터 제공도 충분히 이루어지지 않을지도 모르니까 말이다.

참고문헌

ChatGPT 4o mini. https://chatgpt.com/

국가정보원(2023.6). 챗GPT 등 생성형 AI 활용 보안 가이드라인.

원호섭(2024.11.25). 한국과학기술기획평가원, 자체 데이터로 AI 학습 … 효율 극대화. ≪매일경제≫, https://www.mk.co.kr/news/it/11177314

정두용(2023.3.30). 우려가 현실로...삼성전자, 챗GPT 빗장 풀자마자 '오남용' 속출. 이코노미스트, https://economist.co.kr/article/view/ecn202303300057?s=31

최광민(2024.8.7). LG, '생성 AI 생태계' 민주화 선언!... 최신 AI 모델 '엑사원 3.0' 7.8B 오픈소스로 전격 공개. 인공지능신문, https://www.aitimes.kr/news/articleView.html?idxno=31902

최태범(2024.12.21). 세계가 주목하는 '한국 AI 스타트업 7개사' 어디?. 머니투데이, https://news.mt.co.kr/mtview.php?no=2024121815152811264

07

공공 정책의 과학화

AI를 공공 정책에 활용하는 목적은 공공 정책의 과학화라고 할 수 있겠다. 기존의 문헌 조사 또는 시간과 비용이 소요되는 사회 과학적 연구 방법론에 더해, 여러 가지 데이터를 종합적으로 고려하고 복잡한 사회를 이해하는 데 AI를 이용할 수 있다. 이러한 연구 사례로서 저자가 직접 진행했던 인공지능 기반 연구 개발 동향 분석 과제의 내용과 결과, 그리고 향후 시사점에 대해 살펴본다.

AI와 윤동주?

공공 정책 수립을 위한 과학적인 근거 수집

상술했듯 객관적인 근거에 기반한 공공 정책 수립은 정책의 편향성을 최소화하고 공정성과 합리성을 확보하기 위한 노력이다. 정부가 어떠한 행동을 취하기 이전에 그것의 이유가 되는 어떠한 문제점 또는 현황에 대한 정확한 진단이 이루어져야 그것의 대응 방안인 공공 정책에 대해 이해 당사자 및 국민이 납득할 수 있을 것이다. 또한 정확한 진단에 근거한 대응 방안을 마련해야 해당 정책의 효과가 있을 것이다.

현황 및 문제점에 대한 정확한 진단을 위해서 강조되는 것이 과학적인 근거 수집인데, 전통적인 과학적 근거 수집 방법론으로는 통계 자료의 활용이나 사회 과학적 연구 수행을 들 수 있다. 공신력을 가지는 기관에서 일관성을 가지고 주기적으로 생산하는 통계 자료는 사회 현상이나 산업 현황 등에 대한 객관적 관찰이 가능한 신뢰성 있는 자료다. 하지만 사회적으로 대두하는 이슈에 대한 통계 자료가 모두 존재할 수는 없으며, 우리가 알고 싶은 정보에 비해 통계의 조사 대상이나 범위가 너무 거시적이어서 직접적인 적용에 한계가 있는 경우도 많다. 그런 경우에는 설문 조사나 전문가 심층 인터뷰 등의 사회 과학적 연구 방법론을 동원해 근거 자료를 직접 만들어서 확보하는 방법이 있다. 예를 들면, 어떤 사회 인프라를 건설하기 위해서 시민들이 어느 정도의 비용을 세금으로 지불할 수 있는지에 대한 통계 자료 같은 것은 존재하지 않는다. 따라서 이러한 경우 해당 인프라의 혜택을 받는 시민들을 대상으로 설문 조사를 실시해 얼마의 세금을 지불할 의사가 있는지를 직접 조사할 수 있다(장준경 외, 2012). 그리고 해당 지불 의사 금액을 해당 인프라 건설 여부에 대한 의사 결정에 활용하는 것이다. 이러한 접근은 의사 결정에 직접적으로 활용 가능한 근거 자료를 맞춤형으로 만들 수 있지만, 문제는 시간과 비용이 소요된다는 것이다. 신뢰성 확보를 위해 해당 방법론에 대한 정확한 이해가 필수적이므로, 공무원 또는 공공 기관 담당자가 직접 수행할 역량이 없는 경우가 대부분이다. 따라서 해당 방법론을 대행할 수 있는 전문 업체 또는 전문가를 섭외해 규정에 맞게 용역 계약을 체결하는 행정적인 기간까지 포함하면 수개월은 기본적으로 소요되고 그에 따른 비용도 적지 않게 발생한다.

연구 사례: 인공지능 기반 연구 개발 동향 분석

이 연구는 필자가 정부 연구 개발 투자에 대한 의사 결정에 필요한 근거 자료 분석을 보다 고도화하기 위해

doc2vec이라는 자연어 처리 알고리즘을 활용해서 인공지능 분석 모델을 구현했던 사례다(유거송 외, 2019). 현재 우리나라 정부는 다양한 분야의 연구 개발을 위해 연간 30조 원가량을 투입하고 있는데, 이런 막대한 예산은 수백 개의 연구 개발 사업에 분배해서 투자된다. 과학 기술 정보 통신부(과기정통부)는 각 부처에서 요구하는 해당 사업들의 예산을 매년 심의하고, 신규로 제기되는 사업들의 추진 타당성을 평가해 그 결과를 기획재정부에 통보하고, 기획재정부의 추가 조정을 거쳐 국회에서 최종적으로 다음 해의 연구 개발 예산을 결정하게 된다. 가장 심층적으로 예산에 대한 검토가 이루어지는 단계는 과기정통부의 예산 심의 단계인데, 이 단계에서 고려하는 것 중 하나는 심의하는 사업에 해당하는 분야에 연구 개발 예산이 얼마나 투자되어 왔는지에 대한 현황이다. 다양한 사업에 장기간 분산해서 연구 개발 투자를 진행해 왔기 때문에, 정부 부처의 담당자가 여러 세부적인 과학 기술 분야의 투자 현황을 파악하기 쉽지 않고, 담당자가 최근에 변경된 경우에는 어려움이 클 수밖에 없다. 해당 연구 사례는 이러한 문제를 해결하고자 하는 목적으로 기존에 축적되어 있는 정부 연구 개발 과제 데이터베이스에 doc2vec이라는 언어 모델 알고리즘을 적용해,

사용자가 투자 현황을 알고 싶은 연구 주제나 연구 분야를 검색하면 관련 연구 과제들을 검색하고 검색된 연구 과제들을 서로 유사한 것들끼리 묶어 더 세부적인 분석 결과를 제공한다. 해당 연구는 2018년부터 2020년까지 진행했던 연구로서, 연구에 사용된 doc2vec 알고리즘은 지금 기준으로는 오래되어 현업에는 거의 사용하지 않는다는 것을 밝힌다. 해당 연구의 결과는 이후에 버트(BERT)라는 보다 진보된 언어 모델을 적용해 성능을 향상하는 연구 과제로 연계되었고, 현재 기관 내 직원들이 활용할 수 있도록 서비스를 제공하고 있다.

해당 연구에서 개발한 것은 일종의 검색 엔진이라고도 볼 수 있는데, 연구 개발 과제 데이터베이스를 단순히 검색하는 것과의 차이점은 검색 결과가 검색어에 포함된 단어에 국한되지 않는다는 것이다. 전통적인 텍스트 검색은 분석자가 입력한 검색어의 단어들이 포함되어 있는지 여부가 검색 결과의 기준이 된다. 하지만 정확히 단어가 겹치지는 않지만 문맥상 연관되어 있다거나, 동일하거나 유사한 뜻의 다른 단어로 표기되어 있는 경우가 누락될 수 있다는 문제점이 있다. 현대적인 검색 엔진은 여러 가지 알고리즘을 도입해 이러한 문제점을 보완하고 있는데, 본 연구에서도 유사한 접근을 취했다고 할 수 있다. 더불어, 검색 결과로 출력된 과제들을 서로 유사한 과제들끼리 그룹화해 보여 줌으로써, 해당 연구 분야가 어떻게 세부적으로 나누어지는지 알 수 있다. 이러한 검색을 연구 과제가 수행된 연도별로 시행해 시계열적으로 비교할 경우, 해당 연구 분야의 테두리 안에서 언제 어떤 세부 분야에 대한 투자가 증가했고 언제 줄어들었는지 알 수 있다. 이러한 인사이트는 해당 분야에 장기간 종사한 전문가가 아니면 좀처럼 알기 어려운 것으로, 예산 심의 시 해당 분야 전문가들의 의견의 핵심을 효과적으로 이해하고 중립적인 판단을 내리는 데 도움을 줄 수 있다. 연구개발 투자 예산을 결정하는 것은 해당 연구개발 계획에 대한 조정과 승인을 의미하며, 공공 정책의 의사 결정에 해당한다. 따라서 본 연구는 AI를 활용한 정책 의사 결정의 근거 자료를 마련하는 사례라고 볼 수 있는 것이다.

해당 연구는 연구 개발 예산 심의뿐만 아니라 관련한 다른 정책 의사 결정에도 활용이 가능하다. 저자가 기관 내에서 의견을 수렴한 결과, 신규 사업의 추진 여부를 판단하거나, 특정 사업의 성과와 효과성을 평가하는 업무, 또는 새로운 연구 개발 사업이나 관련한 거시적 공공 정책을 기획하는 업무에서도 대상 사업의 연구 분야 현황을 파악하는 것은 기본적으로 필요하고 해당 연구 결과물의 활용도가 높을 것으로 기대되었다. 일례로, 생명공학의 한 세부 분야인 유전체 분야의 정부 연구 개발 투자 동향을 분석하는 업무를 해당 연구 결과를 가지고 시험적으로 수행했을 때 하루에서 이틀 정도면 과거부터 현재까지의 투자 동향을 파악하고 이해할 수 있는 것으로 드러났다. 기존에 산개해 있는 자료들을 담당자가 찾아서 읽고 이전 담당자 또는 외부 전문가의 자문을 받아 해당 내용을 파악하려면 수 주에서 수개월까지 시일이 소요될 수 있다.

연구의 한계점과 향후 비전

해당 연구는 정부 연구 개발 투자의 정책 의사 결정에서 AI의 가능성을 보여 주는 사례다. 하지만 연구 과정에서 명백한 한계점도 드러났다. 첫째로, 적절한 분석 결과를 도출하고 그것을 해석하기 위해서는 사용자의 주의가 필요하다는 것이다. 앞서 빅 데이터 분석은 그 결과를 해석하기 위한 분석자의 전문성이 요구되어 공공 정책 현장에 적용하기 어렵다는 점을 지적했는데, 본 연구도 동일한 문제점을 가지고 있다. 연구 과제를 검색할 시, 검색어와 유사도가 높은 연구 과제를 출력하도록 설계되어 있는데, 이 유사도는 실질적인 유사성을 판단할 수 있는 절대적인 값이 아니라 상대적인 순위만을 매길 수 있는 상대적인 값이다. 따라서 사용자가 입력한 검색어와 유사한 과제를 특정해 출력하는 것이 아니라, 검색어와 가장 유사한 상위 몇 개의 과제를 출력하는 것이다. 몇 개의 유사한 과제를 분석에 사용할지는 사용자가 결정해야 하는데, 이 과정에서 분석의 오차가 생기게 되고, 해당 분석에서 얻은 투자 금액과 같은 결괏값은 통계 자료처럼 직접적인 근거 자료로 활용할 수는 없다. 검색 결과를 세부적인 그룹으로 분류하는 과정에서도 몇 개의 그룹으로 분류할지를 사용자가 지정해야 하는데, 그룹의 수를 적절히 지정하지 않으면 적절한 분석 결과가 나타나지 않을 수 있어 주의해야 한다. 본 연구에 사용한 알고리즘은 이상적인 그룹 수를 자동적으로 정해 주지는 않고 사용자가 몇 가지 그룹 수를 시험해 보고 적절한 수를 결정해야만 하는데, 이는 사용상의 어려움으로 다가올 수 있다.

둘째 문제점은 분석 성능의 문제다. 내부적으로 시험해 보았을 때, 과제를 검색하거나 그룹화하는 등의 각 단계에서 수십 초 정도의 시간이 소요되었다. 상술한 것처럼 적절한 분석 결과를 얻어 내기 위해 여러 차례의 시행

착오를 거쳐야 하므로 다소 오래 걸리는 분석 시간은 사용자 입장에서 사용을 꺼리게 만드는 요소일 수 있다. 만일 해당 서비스를 기관 전체 또는 부처 전체에서 공동으로 사용할 수 있도록 구현하기 위해서는 상당한 전산 자원을 요구할 텐데, 이를 위한 비용의 투자 가치가 있는지에 대한 고려가 추가로 필요하다. 또한 언어 모델 자체도 매우 빠르게 새로운 모델이 발표되고 있는 상황으로 개발 이후에 다른 서비스 대비 빠른 시간 내에 상대적인 성능 열위에 놓이게 될 것이라는 문제도 있다.

해당 연구 과제의 결과물은 다음과 같은 개선이 가능하다. 분석 결과의 품질을 제고하고 사용자의 편의성을 높일 수 있다. 검색 결과로 출력된 연구 과제들의 상호 유사성을 재차 분석해 사용자가 파라미터를 조정할 필요 없이 세부적인 그룹화와 투자 금액 등의 데이터를 보다 정확하게 제공하는 등의 기능 개선이 가능할 것으로 보인다. 특히 생성형 AI 기술을 적용할 경우 대화형 인터페이스를 통해 이용자가 보다 쉽게 사용할 수 있는 환경으로 개선이 가능할 것이다.

참고문헌

유거송 외(2019), 『바이오 · 의료분야 지능형 연구개발정보데이터 분석시스템의 예산배분 · 조정 활용기법 연구』. 한국과학기술기획평가원.
장준경 외(2012), 『예비타당성조사를 위한 CVM 분석지침 개선 연구』. 한국개발연구원.

08
AI가 가져올 정책 현장의 변화

정책 수립 과정에서 AI는 근거 자료 마련의 일환인 기초 자료 분석 업무를 탁월하게 수행할 수 있다. 다만 기초 자료 분석 시 단순한 자료 조사가 아닌 시사점의 도출에는 아직은 사람의 판단이 요구된다. 이러한 점을 고려하면 AI는 향후 공공 정책 현장에서도 주니어 직원을 대체할 수도 있는 파급력을 가지고 있다. 공공 정책 업무 현장의 구조적 변화를 상상해 본다.

AI와 한의학?

공공 정책 수립 현장의 업무

공공 정책을 수립하는 업무는 조사와 연구의 연속이다. 본고의 앞부분에서 소개했던 공공 정책의 다섯 단계를 다시 언급하면, 의제 형성, 정책 형성, 의사 결정, 정책 구현, 그리고 정책 평가의 사이클로 이루어진다. 이 중에서 정부 부처 또는 산하 기관에서 일상적으로 수행하는 공공 정책 수립 실무는 주로 의제 형성, 정책 형성에 필요한 현황 자료 및 설명 자료의 작성이다. 의사 결정은 여러 이해 당사자 및 상위 정책 결정자, 국회 등에서의 협상으로 이루어지는 정치적인 과정이라고 볼 수 있고, 정책 구현은 행정의 영역이다. 정책 평가는 해당 정책의 실행에 따른 파급 효과를 조사하는 것으로 역시 중요한 영역이지만 저자가 과학 기술 연구 개발 분야에 국한해 관찰한 바로는 정책 현장에서의 비중은 상대적으로 낮은 편이다.

의제 설정을 위한 근거 자료는 두 가지 케이스로 나눌 수 있다. 첫 번째로는 정부 부처 또는 산하 기관에서 자체적으로 연구를 통해 의제를 발굴하는 경우다. 이런 경우 해당 분야에 어떠한 문제가 있는지 정의해야 하므로 매우 폭넓은 문헌 조사가 필요하다. 여러 가지 정책 보고서나 신문 기사, 학술 논문 등을 담당자가 읽고 현재 제기되고 있는 문제는 무엇이며 그것을 위해 어떠한 공공 정책이 실행되었는지 조사하는 것이다. 이러한 조사는 문헌 조사만으로 충족하기 어려울 때도 있으며 이런 경우 전문가 자문, 일반인 설문 조사, 포커스 그룹 인터뷰, 전문가 델파이 조사 같은 다양한 방법론을 동원하게 된다. 이러한 방식의 의제 발굴의 경우 서로 상충되는 내용의 문헌이나 의견이 존재하기도 하므로 소수의 의견만 접하고 섣불리 결론을 내는 것은 위험하다. 따라서 충분히 많은 양의 자료를 조사하는 것이 중요하며 조사한 자료를 향후에도 활용할 수 있도록 브리프 등으로 발간하는 등의 수단으로 적절히 보존할 필요가 있다.

두 번째 케이스는 언론이나 감사원 같은 외부 기관 또는 해당 정책 분야의 민간 대표 역할을 하는 전문가 위원회 등에서 의제가 제기되는 경우다. 이런 경우에도 제기된 의제가 바로 정책 형성 단계에서 활용되는 것은 아니며, 해당 주장에 후속 조치가 필요한지 판단하기 위해 조사에 착수하게 된다. 만일 그 의제가 과거부터 지속적으로 제기되어 왔던 이슈일 경우 왜 지속적으로 민원이 제기되는지, 혹시 대응 정책이 수립되었으나 아직 시행이 되지 않았거나 홍보가 부족했던 것은 아닌지 살펴볼 필요가 있다. 다만 첫 번째 케이스에 비교하면 조사해야 하는 대상이 상대적으로 더 구체적이며 검증해야 하는 주장이 명확히 존재하므로 조사에 필요한 시간과 노력은 더 적을 것이다.

설정된 의제에 대한 정책 형성 단계는 의제 설정 과정에서 도출한 문제점을 어떻게 해결할 것인지에 대한 방향성을 제시하는 것이므로, 주로 국내외의 벤치마킹 사례를 조사하고, 관련한 전문가의 아이디어를 수집하는 것이 일반적인 업무다. 물론 SWOT 분석과 같은 전략 수립 방법론들이 활용되지만, 그러한 방법론을 사용하더라도 결국 빈칸에 채워 넣을 수 있는 콘텐츠를 발굴할 때, 과거 다른 나라에 유사한 사례가 존재했거나, 국내외에 유사한 연구 사례가 존재하는 경우 이를 참고할 수 있으므로 좋은 근거 자료가 될 것이다. 또는 최신 기술 등을 활용한 해결책에 대해서 연구한 결과가 있을 수 있으므로 정책 수립 기관 담당자는 관련 문헌을 상시적으로 모니터링하거나 필요시 조사에 착수하게 된다. 필요한 자료가 존재하지 않는 경우에는 상술했듯이 설문 조사와 같은 직접적인 조사 연구를 시행해 근거 자료를 직접 생산한다.

결국 정책 수립 과정에서 정치적인 의사 결정을 제외한 실무적인 업무는 대부분이 자료를 조사하거나, 또는 수집한 의견과 자료를 취합해 정리하는 일이다. 수집한 자료를 상위의 의사 결정에 효과적으로 활용하기 위해서는 의사 결정자가 많은 양의 정보를 효과적으로 이해할 수 있도록 요약하고 정제하는 작업도 필수적이다. 기업의 내부 전략 기획 업무 또는 리서치 업무와 유사하게, 현장 실무에서는 자료 조사와 요약 정리가 업무의 대부분을 차지한다.

AI의 확산에 따른 공공 정책 업무의 변화

AI의 비약적인 발전과 확산은 이러한 공공 정책 실무를 근본적으로 변화시킬 수 있는 잠재력을 가지고 있다. 오늘날의 생성형 AI를 예로 들면, 여러 문서들을 이해하기 쉽게 요약해 주거나 분석해 주고, 사용자가 궁금한 점을 질문하면 그것에 대해 직접적으로 답해 줄 수 있다. 생성형 AI는 기존에 학습해 둔 방대한 양의 데이터를 바탕으로 사용자의 질의를 분석하고 그것에 해당하는 적절한 답변을 생성해 낼 수 있고, 용도에 맞는 다양한 생성형 AI가 무료로 이용 가능한 실정이다. 이러한 도구들이 공공 정책 수립에 이미 알게 모르게 활용되고 있을 것이다. 생성형 AI는 현재 환각 현상(hallucination)에 의해 그 결과를 완전히 신뢰하기 어렵지만, 일반적인 지식에 대해서는 검색 엔진을 대체할 만큼 활용도가 높다. 구글의 검색 서비스에 최근 탑재된 생성형 AI 답변은 해당 답변이 어떤 출처에서 나타났는지도 제공하므로 일반적인 지식을 얻는 데 매우 유용하다.

생성형 AI의 환각 현상에도 불구하고 저자가 자료 조사에 AI를 요긴하게 활용했던 경험을 하나 공개해 본다. 업무 도중 특정한 연구가 이루어졌는지 근거 자료를 급하게 찾아야 할 일이 있었다. 저자의 동료라거나 관련자들도 그러한 문헌을 찾기가 어렵다고 하는 상황에서, 저자는 밑져야 본전이라는 심정으로 생성형 AI 몇 가지 서비스에 그러한 문헌이 있느냐고 물어보았다. 당연히 이런 경우 몇 개의 문헌 정보를 생성해 주지만, 해당 문헌 정보는 AI가 지어낸 가짜 논문인 경우가 대부분이다. 하지만 이렇게 지어낸 논문 제목을 구글 스칼러(Google Scholar)에 검색했더니, 저자가 찾고 있던 진짜 문헌들을 찾아낼 수 있었다. 해당 분야는 저자의 전공 분야가 아니었기 때문에, 생성형 AI가 없었다면 해당 문헌들을 찾는 데 훨씬 오랜 시간이 걸렸을 것이다.

이러한 AI가 현재 시점에 공공 정책 수립에서 대신 할 수 있는 보다 구체적인 영역은 자료를 조사하는 일이고, 한발 더 나아가면 그러한 정보를 유통하기 위한 조사 보고서 작성이다. 이슈 브리프, 이슈 페이퍼 등으로 부르는 이러한 조사 보고서들은 특정 분야나 이슈를 중심으로 문헌 조사를 수행한 결과물이다. 저자의 소속 기관에서는 향후 대내외에서 다양하게 활용하는 것을 목적으로 그러한 간행물을 매년 수십 편씩 발간하고 있으며, 다른 기관에서 발간하는 유사한 보고서들을 모두 집계한다면 다양한 분야에 대해 1년에 최소 수백 편이 발간되고 있을 것이다. 이런 보고서들은 실제로 해외 자료를 인용하거나 번역해 소개하기도 하고, 특정 기관에서만 획득할 수 있는 통계 자료를 수록해 타 기관의 업무에 도움을 준다. 또한 분석한 내용을 바탕으로 시사점, 정책 제언을 포함해 향후 정책 수립에 기여하기도 한다. 만일 생성형 AI에 그러한 보고서를 작성하라고 지시하면 어떻게 될까? AI가 미처 학습하지 못한 최신 자료에만 존재하는 아주 새로운 분야나 이슈가 아닌 다음에야 다양한 정보들을 잘 정리한 보고서를 출력할 것이다. 상당한 업무가 대체될 가능성이 있는 것이다.

AI로 인한 구조적 변화 가능성

실제로 생성형 AI가 신문 기사를 생성하거나, 심지어 컴퓨터 프로그래밍까지 해 줄 수 있는 수준으로 발전했다.

정책 수립을 위한 기초 자료 조사와 분석도 마찬가지로, 정해진 틀 내에서 분야만 변경해 일상적으로 수행하는 조사 업무의 경우 이미 AI로 '대체'가 가능한 세상이 되었다. 이는 업무가 효율화하고 더 고도화할 수 있는 가능성을 제시하면서도, 한편으로는 정책 실무 현장의 구조적 변화, 특히 인력 구조의 변화 가능성을 시사하기도 한다. 정책 분야에 종사하고 있는 개인 입장으로서는 일자리의 위협으로 느껴지기도 한다.

다만, 중요한 포인트는 의사 결정 이전의 자료 조사와 요약 정리까지로 AI의 역할이 제한된다는 사실이다. AI로 생성한 증권 분석 보고서를 평가한 결과, 기본적인 분석은 수행했지만 정작 중요한 실적 추정이나 주가 목표치 설정과 같은 결론에 해당하는 부분은 생성하지 못했다(김현승, 2024). 정책 수립을 위한 조사 연구도 마찬가지로, AI가 자료 조사를 대체해 줄 수는 있으나, 해당 자료들을 종합해 정책 제언 또는 결론을 도출하는 것은 아직 사람의 몫으로 남아 있다.

이는 한편으로는 아직 사람의 몫이 남아 있어서 다행이라는 생각이 들지만, 저연차 또는 신입 담당자에게는 큰 도전이 아닐 수 없다. 통상적으로 단순 자료 조사를 담당하는 주니어 직원과 연구 전체를 총괄하고 내용을 종합하는 시니어 직원으로 구성된 팀에서, AI는 주니어 직원을 불필요하게 만들지도 모른다. 컴퓨터 프로그래밍 분야에서도 향후 AI가 더 발전하면 주니어 개발자가 많이 대체될 수 있다는 우려가 있다(이지현, 2024). 주니어 직원을 대체하면 당장은 비용이 절감되겠지만, 주니어 직원이 성장해서 되는 것이 시니어 직원인데 주니어 직원을 AI로 대체해 버리면 언젠가는 결국 시니어 직원이 수급되지 않게 될 것이다. 또한 소수의 시니어 직원에게 업무를 전적으로 맡긴다는 것도 "달걀을 한 바구니에 담지 말라"는 차원에서 또 다른 리스크를 초래하는 요인이다.

AI의 활용은 일차적으로는 매우 큰 가능성을 제공하지만, 그것이 가져올 업무 현장의 구조적 변화를 생각하면 위험성이 존재하는 것도 사실이다. 다음 장에서는 AI의 환각 현상이라거나 편향 등에 따른 보다 직접적인 위험도 살펴보도록 하겠다.

참고문헌

김현승(2024.5.14.). '15분만에 뚝딱' AI가 쓴 보고서, 증권가 반응 보니. ≪조선일보≫, https://www.chosun.com/economy/money/2024/05/14/JBPP4KOUAJDQVAUWJQAFES4KPE/

이지현(2024.9.13). AI 코딩 도구의 급부상, 최대 피해자는 주니어 개발자?. CIO Korea.

09
AI의 정책 왜곡 가능성

공공 정책은 사회적인 파급력이 높으므로 근거 자료의 엄밀성이 중요하다. 그러나 현재 각광받고 있는 생성형 AI는 기존에 존재하는 자료를 학습해 패턴을 파악하는 원리를 가지고 있어 두 가지의 문제점이 있다. 그것은 사실이 아닌 답을 지어내는 환각 현상과 학습 데이터 자체의 편향에 의한 편향성이다. AI의 편향성은 사용자의 인식 체계 자체에 영향을 줄 수 있는 위험성을 가지고 있기도 하다.

AI와 화장품?

근거 자료와 의사 결정 사이의 관계

공공 정책 수립을 위한 의사 결정을 할 때, 근거 자료는 어디까지 사용되고 있을까? 또는 어떻게 사용되고 있을까? 그것은 공공 정책에 AI가 얼마나 적용될 수 있을지를 결정할 수 있는 중요한 질문이라고 하겠다. 이 책에서는 여러 차례 과학적인, 근거에 기반한 공공 정책의 중요성을 언급했다. 특정 단체나 인물의 이익과 의견에 치우치지 않고 최대한 많은 사람들이 납득할 수 있는 합리적인 의사 결정을 하려면 객관적인 근거가 필요하다는 논거다. 하지만 근거가 얼마나 객관적이고 정확하냐를 차치하고(이에 대해서는 다음 절에서 다루겠다), 객관적인 근거들을 늘어놓는다고 해서 항상 명쾌한 의사 결정을 쉽게 할 수 있는 것은 아니다. 우리나라 특정 산업의 세계 시장 점유율이 떨어지고 있다고 가정해 보자. 해당 산업의 논문, 특허와 같은 연구 성과는 매년 증가하고 있고, 관련 전문 인력도 꾸준히 배출되고 있다. 특별히 지정학적인 이슈가 있지는 않다. 전문가나 언론의 의견에 따르면 해당 분야를 일부 대기업이 독점하고 있어 경쟁력이 떨어진다고 해 보자. 그렇다면 우리는 이 산업의 세계 시장 점유율을 높이고 국가 경제에 기여하도록 하기 위해 무슨 공공 정책을 펴야 할까? 애초에 공공 정책을 수립할 필요는 있는 걸까? 산업이 발전하는 데 꼭 중소기업이 많이 필요하고 대기업이 독점하면 안 되는 것일까? 그것이 세계 시장 점유율과는 무슨 인과 관계가 있는가? 우리가 관측하지 못한 외부 요소는 없는가? 경제학적인 이론을 동원한다고 하더라도, 경제학은 이론이지 실험으로 검증된 자연법칙인 것도 아니다.

따라서 현실적으로 공공 정책의 수립, 특히 의제의 설정은 일정 수준 이상의 사회적 여론이 조성되어야 이루어지는 경우가 많다. 학술 자료나 데이터를 엮어서 기존에 사회적으로 자각하지 못했던 이슈를 정책 수립 기관에서 발굴해서 의제로 만들어 내는 경우는 드물다고 해야겠다. 이미 여론이 조성되어 정책 수립의 압력이 존재하는 '정책 수요'에 대응하기도 바쁘기 때문이다. 사회적 여론이 조성되어 있는 경우, 해당 의제를 정의하고 정책 형성 단계로 넘어가기 위한 근거 자료의 조사 과정은 때로는 이미 정치적으로 결정된 사항의 명확화 내지 정당화를 목적으로 하게 된다. 그리고 정책 형성 단계로 넘어가게 될 경우, 가능한 정책 옵션들 중에서 최선을 선택하기 위한 조사와 연구가 수행되는 것이다.

이러한 상황에서 AI의 단순 자료 조사 이상의 개입은 현시점에서는 어려울 수밖에 없다. 물론 논리적인 추론이 가능한 언어 모델이 출시될 경우 적절한 프롬프트 엔지니어링(Prompt engineering)을 통해서 담당자가 원하는 논리를 AI가 개발해 주는 세상이 올지도 모르겠다. 아마도 그런 수준이 될 경우에는 의제 설정에서도 AI를 보다 적극적으로 활용할 수 있을 것이다. 마치 다양한 분자 구조의 신약 후보 물질을 계속 만들어서 시험해 보듯, AI에 자료를 끝없이 학습시켜 담당자가 관심 있는 분야에서 어떠한 사회 문제가 있는지, 그 근거는 무엇인지 계속 아이디어를 내 보라고 시키는 것이다.

다소 무딘 칼인 AI

사회적인 중요성이 높게 인식되는 공공 정책일수록 그 근거의 객관성에 대한 관심도 높아지게 된다. 정부가 얼마나 확실한 근거를 가지고 그러한 정책을 수립했는지, 특히 해당 정책에 반대하는 사람일수록 관심이 높을 것이다. 그렇기 때문에 정책 수립 실무 담당자들은 근거 자료의 엄밀성에 주의를 기울이는데, 이런 측면에서 AI는 특유의 환각 현상으로 인해 생각보다 도움이 되지 않는다.

근거 자료의 엄밀성에 대해 논하기 위해서는 인간의 지식 체계에 대해서 간단히 설명할 필요가 있다. 전문적

지식 체계는 서적 또는 학술 논문들을 근간으로 하고 있다. 그리고 이러한 문헌들은 앞서 언급했듯 동료 평가와 인용 관계로 촘촘하게 연결되어 있다. 공공 정책의 근거 자료로는 학술 논문뿐만 아니라 신문 기사 또는 일반 서적, 보고서와 같은 다른 종류의 문헌도 사용되는데, 이러한 문헌들도 학술 논문이나 전문 서적 같은 보다 엄밀한 문헌을 인용해 작성했는지 담당자가 확인한다. 그렇지 않고 단순 주장인 경우에는 근거 자료로 활용하기에는 위험해진다.

AI는 학술 자료를 포함한 수많은 데이터를 학습할 수 있지만, 현재 주류로 사용되는 AI 기술에서 이용하는 인공 신경망 기술은 기본적으로 확률적 모델(Probabilistic Model)로 위와 같은 엄밀성을 제공하기 어렵다. 사용자가 입력한 명령어나 질의에 가장 적절할 확률이 높은 어휘들의 나열을 출력할 뿐이지, 사람과 같이 논리적인 사고를 하는 것이 아니기 때문이다. 구조적으로 각 문헌 자료가 어떤 종류의 문헌이냐에 따른 신뢰도, 믿을 수 있는 다른 문헌을 올바르게 인용했는지 여부 등을 별도로 저장해 제공할 수 없는 구조라는 것이다.

구글에 따르면 AI의 환각 현상은 생성형 AI에서 볼 수 있으며, 주된 요인에는 훈련 데이터의 부족, 잘못 설계한

AI 모델, 훈련 데이터의 편향성 등이 있다. 생성형 AI는 훈련 데이터의 패턴을 파악해 사용자의 질의에 대해 답을 예측하는 것이 주된 기능이다. 하지만 AI는 훈련 데이터의 내용을 직접 인식해 기억하는 것이 아니라 패턴을 인식할 뿐이므로 실제로 존재하지 않는 문서를 지어내는 등의 환각 현상이 나타날 수 있다. 때로는 패턴을 너무 과하게 학습해 오히려 잘못된 출력을 보이기도 하는데, 이런 현상은 과적합(overfitting)이라고 한다. 이러한 환각 현상을 방지하는 방법으로는 최대한 고품질의 훈련 데이터를 사용하는 것 이외에 정규화(regularization)라는 기법이 있다. AI를 훈련하는 단계에서 AI가 너무 극단적인 답을 출력하는 경우 페널티를 주어 그러한 답은 내지 말라고 가르치는 것이다.

따라서 AI는 전적으로 의존하기에는 부정확성이 존재하는 다소 무딘 칼이라고 할 수 있다. 특히 공공 정책은 매우 많은 사람에게 영향을 미치는 사회적 요소로서, 정확한 근거 자료를 바탕으로 많은 사람이 인정할 수 있는 명확한 논리를 제시할 수 있어야 한다. 그러므로 현 수준의 AI는 잘 활용하면 업무의 효율을 매우 높여 줄 수 있는 엄청난 도구이지만, 조심해서 사용해야 한다는 것이다.

AI의 편향성

AI를 사용할 때 주의할 사항은 환각 현상뿐만이 아니다. 학습한 데이터를 바탕으로 출력하는 AI의 특성은 사용자에게 편견을 심어 줄 수 있다. 우리가 모르는 것에 대해 AI에게 질문했을 때, AI가 제공하는 답변은 해당 주제에 대한 우리의 전반적인 이미지를 형성하기 때문이다. 사용자가 추후에 별도의 문헌 조사 과정을 통해 해당 정보에 대한 팩트 체크를 실시하더라도, 처음 사용자의 머리에 입력된 정보는 때로는 매우 잘못된 인식 체계를 만들어 버릴지도 모른다. 이러한 잘못된 정보는 앞서 언급한 환각 현상으로 인해 만들어질 수도 있지만, 더 심각한 문제는 학습 데이터 자체가 많은 편향을 가지고 있다는 것이다. 특히, 챗지피티와 같은 대형 언어 모델(LLM)은 많은 양의 학습 데이터를 확보하다 보니 논리적 오류 또는 윤리적, 정치적 편향이 전혀 존재하지 않는 완벽한 데이터만을 학습하는 것은 불가능할 것이다.

따라서 AI는 어떤 영역에서든 나름의 편향성을 가지게 되는데, 이러한 편향성은 사용자에게 영향을 미치고 사용자도 유사한 편향을 가지게 만든다는 우려가 제기되고 있다(Jeremy Kahn & 문상덕, 2024). 환각 현상으로 인한 '틀린 정보'는 사용자가 간단히 인터넷 검색 또는 문헌 조회를 통해 확인할 수 있지만, 데이터 자체의 편향으로 인한 정보의 경우 사용자가 이를 확인하려고 해도 같은 편향을 지닌 원본 정보를 접하게 될 것이므로 실제로 이를 믿어 버릴 수도 있다. 공공 정책의 경우 최대한의 공공선을 반영하고 특정 이익 집단에 치우치지 않는 것이 중요한데, AI의 편향성은 정책 의사 결정자의 판단에 영향을 줄 수 있다는 점에서 위험하다. 이를 악용할 경우 특정 집단의 의견을 AI에 반영하기 위해 학습 데이터에 해당 의견이 최대한 포함될 수 있도록 어떠한 기법을 사용하거나, AI 기업에 대가를 지불하는 일도 발생할 것이다. 마치 나의 회사가 검색 결과 상단에 위치하도록 검색 엔진 기업에 광고비를 지불하는 것처럼 말이다.

AI의 편향성과 관련한 사례로는 '필터 버블'도 언급할 필요가 있다. 필터 버블은 유튜브(YouTube)나 인터넷 뉴스 사이트 등에서 사용자가 흥미를 느끼고 동의할 확률이 높은 콘텐츠만을 보여 줌으로써 사용자의 윤리적, 정치적 편향을 강화하는 현상을 말한다(김종화, 2024). 필터 버블은 콘텐츠 추천 알고리즘에서만 볼 수 있는 것이 아니다. 여러 생성형 AI 서비스의 경우 사용자가 입력한 질문 또는 정보를 저장하고 학습해 사용자 맞춤형 서비스를 제공하는 데 사용한다. 다시 말하면 내가 했던 말들을 기억해 내가 좋아할 만한 대답을 하려 노력한다는 뜻이다. 이러한 기능은 AI를 나의 비서로 활용할 때는 매우 유용하겠지만, 선생님으로 활용하고자 한다면 적절하지 않을 수밖에 없다.

AI의 사용에 따른 정책 왜곡 가능성

따라서 정책 의사 결정자 또는 근거 자료를 준비하는 실무자들이 AI를 광범위하게 사용할수록 정책의 왜곡 가능성도 발생하게 된다. 이것이 AI 사용을 금지해야 한다는 논리를 성립시키는 것은 아니지만, 사용자들은 업무에 AI를 활용할 때 주의해야 한다는 것을 인지하고 있어야 한다. AI는 잘못된 정보를 줄 수 있고, 나에게 편견을 주입하거나, 내가 원래 가지고 있던 편향을 강화할 수 있기 때문이다. 이러한 요소들은 결론적으로 공공 정책을 왜곡시킬 수 있는 것이다.

정부에서 AI 모델을 직접 구축하더라도 현실적으로 기존의 AI 서비스와 연결되지 않은 독립적인 AI를 구축하려면 매우 높은 비용이 들 것이고, 이에 필요한 충분한 양의 데이터를 확보하는 것도 어려울 것이다. 그렇기 때문에 아직 AI에 기반한 공공 정책 수립에 대한 성공 사례를 찾기 어려운 것이다. 매우 어렵고 이를 통한 편익이 어느 정도인지도 확실치 않기 때문이다.

참고문헌

Jeremy Kahn & 문상덕(2024.10.15). AI가 편견을 가지면? "당했다는 사실조차 모른다". Fortune Korea, https://www.fortunekorea.co.kr/news/articleView.html?idxno=43027

구글. AI 할루시네이션이란 무엇인가요?. https://cloud.google.com/discover/what-are-ai-hallucinations

김종화(2024.1.30). [뉴스속 용어]편향된 정보 취하게 하는 '필터 버블'. 아시아경제, https://www.asiae.co.kr/article/2024013114310571037

10
AI 기반의 현명한 정책 수립

공공 정책 수립에서 사람의 역할을 완전히 AI로 대체하기는 어려울 것으로 보인다. 왜냐하면 AI는 무엇을 해야 할지 결정해 주지 않고, 결과에 대한 책임을 질 수 없기 때문이다. 공공 정책 종사자들에게 AI는 업무의 위탁 대상이라기보다는 세상을 이해하는 새로운 창이다. 전문적인 정보를 빠르게 습득하거나 브레인스토밍의 파트너로 활용할 수도 있다. AI를 적절히 활용한다면 보다 본질적인 업무에 자원을 할애할 수 있을 것이다.

종교와 AI?

AI가 대체할 수 없는 영역

AI가 대체하기 힘들다고 여겨지는 직종 중의 하나는 프로젝트 매니저(Project manager)다. 이에 대해서 학술적인 연구가 이루어졌는지 여부는 확인하기 어려우나, 인터넷에서 관련 논의를 쉽게 찾을 수 있다(Koopman, 2023; Pedals Up, 2025; Rustam, 2024). 프로젝트 매니저의 역할은 프로젝트의 일정, 계획, 자원 조달 등에 대한 총괄을 맡아 프로젝트를 이끌고 결과물 도출에 대한 책임을 지는 것이다. AI가 프로젝트 매니저를 대체할 수 있을까? 최소한 근시일 내에는 대체하기 어렵다는 것이 중론이다. 그 이유로 여러 가지가 거론되지만, 간단히 두 가지로 요약할 수 있다. 첫째는 AI는 무엇을 할지 결정해 주지 못하며, 둘째는 AI에 책임을 지울 수 없다는 것이다.

프로젝트 매니저의 예시를 든 이유는 공공 정책 수립에서 의제 형성이나 정책 형성 단계의 실무는 프로젝트 매니저와 유사성이 높기 때문이다. 공공 정책 수립 자체가 시민 개개인이나 여러 집단들의 요구를 수용해 문제를 정의하고 그에 대한 해결책을 제시하는 프로젝트이며, 공무원, 공공 기관, 또는 이러한 기관들의 수탁을 받아 업무를 진행하는 기업은 일정 요구 사항에 맞추어 보고서나 안건의 형태로 결과물을 제공하는 프로젝트를 수행하는 것이므로, 프로젝트 매니저의 역할과 별로 다르지 않다. 따라서 정책 수립 업무를 AI가 대신 할지, 쉽게 말해 의사 결정 권한을 가진 소수의 고위직을 제외한 대부분의 인력은 필요 없게 될 것인지에 대한 질문은, AI가 프로젝트 매니저를 대체할 수 있느냐는 질문과 일맥상통한다. 그렇다면 앞서 말한 AI가 프로젝트 매니저 또는 정책 수립 실무자를 대체할 수 없는 두 가지 이유에 대해 논의해 보자.

챗지피티와 같은 생성형 AI를 사용해 본 사람이라면 공감할 수 있는 것 중 하나는, AI는 질의나 명령어가 구체적이어야 쓸 만하다는 것이다. 사용자도 내가 어떤 것을 원하는지 구체적으로 알고 있지 못할 때 AI에게 의견을 구하면, AI는 장황한 답변이나 선택지들을 제시해 주기는 하지만, 그것들이 사용자의 입맛에 맞거나 설득력이 있는 경우는 많지 않다. 현시점의 AI는 사용자가 원하는 것이 있을 때 그것을 효율적으로 할 수 있도록 도와주는 데 특화해 있고, 무엇을 할지 정해 주게끔 설계되어 있는 것은 아니다. 사람이 생성해 낸 자료들을 학습해 패턴을 파악하고 그것을 기반으로 답변을 생성해 내는 것이므로, 깊은 통찰력이나 창의성을 기대하기는 어려운 것이다. 앞선 장에서 언급한 환각 현상을 저감하기 위해서라도 AI 개발사 입장에서 AI가 참신한 답변을 출력할 수 있어도 그것을 자제하도록 설계했을 것이다. 이미지를 생성하는 AI의 경우에는 사람이 생각해 내기 어려운 신기한 이미지를 생성해 주기도 하지만, 텍스트를 생성하는 AI는 기존의 문서에서 찾기 어려운 참신한 의견을 내주지는 않는다. 따라서 정책 수립 실무자가 궁금한 사항 또는 찾고 싶은 근거 자료에 대해 AI의 도움을 받아 단서를 찾을 수는 있으나, 여러 이해 관계자의 수요와 다양한 현황 자료를 고려해 문제를 정의하고 아이디어를 내는 작업을 AI에 의존할 수는 없다. 문장을 매끄럽게 다듬고 문서의 형식을 맞춰 주는 작업 정도는 충분히 AI로 자동화할 수 있겠지만.

두 번째로, 무언가 잘못되었을 때 AI에게 책임을 물을 수 없다는 것은 정책 수립 과정이 앞으로 상당 기간 동안 전적으로 사람에게 의존할 것이라는 것을 의미한다. 인공 신경망 기반의 AI는 답변을 도출하는 과정이나 논리 전개를 정확히 알 수 없다는 특징을 가지고 있어 AI가 도출한 정책을 어쨌든 사람이 검토하고 그 이유나 근거를 마련하지 않는다면, 사회에서 해당 정책에 제기되는 질문에 대한 명확한 답변을 제공하기 어렵다. AI에게 직접 질문할 경우 답변을 출력받을 수 있겠으나, 그 답변의 근거조차 블랙박스 안에 있으므로 꼬리에 꼬리를 무는 의문이 발생하게 될 것이다. 그러다가 어느 순간 순환 논리 또는 환각 현상에 맞닥뜨리게 될 경우에 어떻게 할 것인가? 정책 수립 과정은 이해 당사자를 설득하는 과정도 포함하며, 정책의 내용에 대해 "왜?"라는 의문을 타고 올라가면 어느 순간 'A가 B보다 이러이러해서 더 좋다'는 논리보다 가치 판단, 정치적 선호 등에 따른 선택의 영역으로 들어가게 된다. 그러한 선택의 권한은 국민의 투표에서 나왔으며, 정책 수립은 국민이 선출한 권력의 정책 방향에 맞춰서 이루어지는 것이다. 최소한 현재의 AI는 이러한 체계에 맞추어 설계되지는 않았고, 우리가 가까운 미래에 AI에게 권력을 이양할 것으로 보이지도 않는다.

더 똑똑해지는 AI 비서

하지만 점점 더 고도화해서 복잡한 질의에도 높은 퀄리티의 답변을 제공하는 AI 모델들이 등장하고 있고, 공공 정책 담당자들에게는 이를 효과적으로 사용함으로써 업무의 효율을 높이고 더 중요한 고민에 시간을 할애할 수 있는 기회가 주어지고 있다. AI는 근거 자료 수집뿐만 아니라 주어진 문서의 요약, 문서 형식 맞추기, 형식이 명확한 글의 작성, 오타 검수 등 단순 반복적인 수많은 업무를 자동화할 수 있다. 모든 정책 담당자가 이러한 혜택을 누리기 위해서는 정부 차원의 도구, 매뉴얼 개발과 교육이 매우 많이 필요하겠으나, 그 가능성만은 크다고 하겠다.

생성형 AI를 잘 활용하기 위한 방법으로는 프롬프트 엔지니어링과 API 활용을 들 수 있다. 프롬프트 엔지니어링이란 챗지피티와 같은 생성형 AI에게서 원하는 대답을 얻어 내기 위해 나의 질의를 최적화하는 기술을 뜻한다. 인터넷이 보급되기 시작하던 시절, 인터넷 정보검색사라는 자격증이 인기를 끌었던 것과 유사하다. 지금은 검색 엔진이 더 고도화했고 누구나 검색 엔진을 능숙하게 사용하므로 정보 검색사 자격증이 큰 가치를 지니지 않지만, 옛날에는 인터넷에서 자료를 검색하는 것도 나름의 기술이었다. 지금의 생성형 AI도 유사하게 내가 원하는 정보를 얻거나 내가 원하는 일을 시키기 위해서는 기술이 필요한 것이다. 프롬프트 엔지니어링의 개념은 어렵지 않다. 되도록 지시를 구체적으로 제공하고, 가능하면 예시를 제공하는 것이 좋다. 그리고 한 번에 너무 복잡한 작업을 요청하지 말고 단계를 나누어 요청하는 것도 좋다(장혜정, 2023). 최근에는 프롬프트 엔지니어링을 도와주는 프로그램도 존재하므로 프롬프트 엔지니어링은 점점 더 쉬워질 것으로 보인다.

API란 바로 응용 프로그램 프로그래밍 인터페이스(Application Programming Interface)의 약자로, 쉽게 말해 프로그램 간에 서로 요청과 응답을 주고받는 기능이다. 많은 생성형 AI는 API를 지원하는데, 이 말은 우리가 꼭 해당 AI 서비스에 직접 접속하지 않고 그 AI 서비스와 연결된 다른 서비스를 이용해도 된다는 뜻이다. 실제로 챗지피티와 연계된 수많은 앱이 개발되고 있고, 구글 스프레드시트와 같은 우리가 쉽게 접할 수 있는 프로그램에서 직접 API를 활용할 수 있다. 생성형 AI의 출력물은 모두 텍스트의 형태이므로 그것을 활용하기 위해서는 복사-붙여넣기 및 편집 과정이 필요할 텐데, API를 잘 활용하면 그러한 과정조차 자동화가 가능해진다. 예를 들면, 마이크로소프트 엑셀에서 챗지피티 API를 사용할 수 있으므로, 엑셀에서 텍스트로 된 데이터를 처리한다거나, 다수의 글을 한꺼번에 요약한다거나 하는 작업들을 매우 간편하게 수행하는 것이 가능하다. API는 고급 기능으로 사용하려면 요금을 결제해야 하지만, 그것으로 절약할 수 있는 시간을 고려한다면 비싼 금액은 아니다.

더 똑똑한 공공 정책 담당자

다만 이러한 도구들을 공공 정책 실무 현장에 적용하기 위해서는 AI가 출력한 답변의 오류라거나 대외비 자료의 유출 가능성 등 고려할 사항이 존재하기도 하지만, 무엇보다도 매뉴얼 마련이 필요한 것이 현실이다. 공공 정책 실무에 생성형 AI를 사용해도 되는지 여부도 명확하게 인지되지 않은 실정이고, 공공 부문의 특성상 보수적으로 업무를 접근하다 보면 AI의 활용을 위한 고민을 개개인이 직접 할 시간과 여력, 그리고 동기 부여가 부족할 수도 있다. 그럼에도 불구하고 AI를 이용한 업무 혁신에 대한 공공 부문의 관심이 높고 실제로 해커톤과 같은 노력이 진행되고 있는 것은 고무적이다(유종일, 2024).

AI를 공공 정책 현장에 사용함으로써 얻을 수 있는 편익은 두 가지가 있다. 하나는 업무 성과물의 질적 향상이고, 또 하나는 반복적 업무에 할애되는 시간을 절감해 다른 의미 있는 업무에 투입할 수 있다는 것이다. 업무 성과물의 향상은 6장이나 7장 등 앞선 장에서 언급했던 것과 같이 정책 수립 과정에서 근거 자료를 보다 효과적으로 확보하고 기존 문헌에서 직접적으로 얻기 힘든 새로운 근거 자료를 생성하는 과정을 통해 이루어질 수 있다. 아직까지 대중에 공개된 생성형 AI는 실제 기업들이 보유한 기술의 일부에 불과하고, 앞으로 관련 기술의 발전이 더욱 빨라질 것임을 고려하면 AI를 통해 업무의 효과성이 매우 증대될 수 있을 것이다. 현재의 주류 AI인 대형 언어 모델(LLM)의 단점들을 극복하고 더욱 사람과 비슷해지는 대형 월드 모델(LWM, Large World Model)이 대두할 것이라는 예측이 제기되는 것을 보면 머지않은 것 같다(박찬, 2025). 물론 이를 활용하기 위한 제도적인 기반이 적기에 마련된다는 전제하에 말이다.

반복적인 업무를 AI로 자동화함에 따라 절약된 시간은 보다 본질적인 업무에 활용 가능할 것이다. 예를 들면 일반 국민이나 이해 관계자의 의견을 더 깊이 수렴할 수 있고, 정책 담당자가 개인의 식견과 담당 분야의 이해도를 높일 수 있는 공부에 시간을 투자할 수도 있다. 이러한 노력들이 이루어진다면 의사 결정 과정에서의 논의가 보다 깊어질 수 있고, 또는 현장에서의 불만이 커지기 전에 정부에서 먼저 선제적으로 문제점을 발견하고 이해 당사자와 논의를 시작할 수 있는 이상적인 상황도 더 늘어날 수 있을 것이다.

앞서 AI는 최소한 근미래에는 프로젝트 매니저 또는

공공 정책 담당자를 대체할 수 없을 것이라고 언급했다. AI는 공공 정책 담당자를 대체하는 것이 아니라 그들을 도와 더 똑똑하게 만들어 주는 것이다. 이러한 가능성은 우리가 AI를 활용하기 위해 활용 근거 제도의 마련 등 얼마나 노력을 하느냐에 달려 있다. 우리나라 정부는 앞선 장에서 살펴보았듯이 공공 행정에 AI를 적용하기 위한 선제적인 노력을 해 왔고, 생성형 AI 활용에 대한 가이드라인을 마련하는 등 관련 노력을 분명히 진행하고 있다. 공공 정책 수립에서도 대중에 공개된 성과는 아직 찾기 힘들지만, 분명히 관련 노력을 내부적으로 진행하고 있으리라 확신한다. 인간의 지능을 뛰어넘는 초인공지능이 출시된다고 하더라도, 정책적 의사 결정이나 정책 수립 실무를 AI에게 위임할 수 없는 이유는 그대로 존재한다. 그러므로 이 무궁무진한 기술이 공공 정책 현장에서 앞으로 어떻게 적용될 것인지에 대해서는 긍정적인 자세로 지켜볼 여지가 충분하다. 매우 흥미롭게.

참고문헌

박찬(2025.1.24). 얀 르쿤 "LLM 패러다임 5년 밖에 안 남아...새로운 아키텍처가 로봇 공학 이끌 것". AI타임스, https://www.aitimes.com/news/articleView.html?idxno=167466

유종일(2024.5.23). [기고] 공무원이 생성형 AI와 살아가는 법. ≪매일경제≫, https://www.mk.co.kr/news/contributors/11023185

장혜정(2023.9.17). 프롬프트 엔지니어링 방법 예시 꿀팁 대방출 (feat. 앤드류 응). 모두의연구소, https://modulabs.co.kr/blog/prompt-engineering

Jarno Koopman(2023.5.30). Will AI soon replace project managers? Yes and no. PSOhub Blog, https://www.psohub.com/blog/will-ai-soon-replace-project-managers

Pedals Up(2025.1.24). Design in the age of AI: The death of PMs & engineers. Medium, https://medium.com/@PedalsUp/design-in-the-age-of-ai-the-death-of-pms-engineers-c5b24b275dae

Rustam K.(2024.9.10). Why AI won't replace project managers but empower them. Linked in, https://www.linkedin.com/pulse/why-ai-wont-replace-project-managers-empower-them-rustam-khadka-87h4f/

유거송

한국과학기술기획평가원(KISTEP) 부연구위원이다. 한국과학기술원에서 생명 화학 공학 박사를 받았으며, 미세 조류 기반 바이오 연료 생산 공정을 연구했다. 한국과학기술기획평가원에서는 보건 의료, 농림 수산 식품 분야 정부 연구 개발 예산의 배분·조정 업무 및 예비 타당성 조사를 수행했다. AI의 공공 정책 적용을 위한 '지능형 연구 개발 정보 데이터 분석 시스템' 개발 과제를 주도했으며, 『KISTEP 기술동향브리프: 스마트농업』(2021), 『해양바이오 디지털 혁신생태계 구축 전략』(2019), 『KISTEP 기술동향브리프: 블록체인』(2018) 등을 집필한 바 있다. 음악을 좋아하는 사람으로 '노이지'라는 밴드에서 보컬로 활동하며 석 장의 앨범을 발매했다.